T0017728

Esto es marketing

Empresa

Biografía

Seth Godin es autor de dieciocho *bestsellers internacionales*, incluyendo *La vaca púrpura*, *Tribus*, *El engaño de Ícaro* y *¿Eres imprescindible?*, que han cambiado la forma de entender el marketing, el liderazgo y la forma de divulgar las ideas. Sus libros han vendido millones de ejemplares en todo el mundo y han alcanzado los primeros puestos de los ránkings de Amazon, *Business Week* o *The New York Times*. Godin es también el fundador de las plataforma Yoyodine y Squidoo, un emprendedor de éxito y un reconocido conferencista. Su blog se encuentra entre los cien más populares del mundo y es considerado un referente en el campo del marketing y la comunicación.

www.sethgodin.com

@ThisIsSethsBlog

Seth Godin
Esto es marketing
No uses el marketing para solucionar los problemas de tu empresa: úsalo para solucionar los problemas de tus clientes

Traducción: Isabel Murillo

PAIDÓS EMPRESA

Obra editada en colaboración con Editorial Planeta – España

Título original: *This is marketing*

Publicado por Portfolio/Penguin, 2018
Sello de Penguin Random House LLC

Diseño de portada: © Christopher Sergio
Fotografía de portada: © Brian Bloom

© 2018, Seth Godin
© 2019, Traducción: Isabel Murillo Fort

© 2019, Centro de Libros PAPF, SLU. – Barcelona, España

Derechos reservados

© 2023, Ediciones Culturales Paidós, S.A. de C.V.
Bajo el sello editorial PAIDÓS M.R.
Avenida Presidente Masarik núm. 111,
Piso 2, Polanco V Sección, Miguel Hidalgo
C.P. 11560, Ciudad de México
www.planetadelibros.com.mx
www.paidos.com.mx

Primera edición impresa en España: febrero de 2019
ISBN: 978-84-17568-26-9

Primera edición en formato epub: octubre de 2023
ISBN: 978-607-747-739-6

Primera edición impresa en México en Booket: octubre de 2023
ISBN: 978-607-569-577-8

Impreso en los talleres de Impregráfica Digital, S.A. de C.V.
Av. Coyoacán 100-D, Valle Norte, Benito Juárez
Ciudad de México, C.P. 03103
Impreso en México - *Printed in Mexico*

Para Leo, Anna, Mo, Sammy, Alex, Bernadette y Shawn…, y para todas esas voces nuevas que hacen nuestra vida mejor

Sumario

[Un gráfico para mostrarte lo que encontrarás en este libro]

Nota del autor

El marketing está por todas partes. Desde tus primeros recuerdos hasta el momento antes de abrir este libro, has estado inundado de marketing. Has aprendido a leer los anuncios que flanquean carreteras y calles, y dedicas tiempo y dinero a reaccionar a aquello que los profesionales del marketing te ponen delante. El marketing, más que un lago o un bosque, es el paisaje de la vida moderna.

El marketing lleva tanto tiempo entre nosotros que lo damos por hecho. Como el pez fuera del agua, no vemos lo que realmente está pasando y no nos damos cuenta de cómo nos está cambiando.

Ha llegado la hora de hacer algo más con el marketing. De mejorar las cosas. De provocar el cambio que te gustaría ver en el mundo. De hacer crecer tu proyecto, eso seguro, pero, por encima de todo, de ponerte al servicio de tus seres queridos.

La respuesta a prácticamente todas las preguntas relacionadas con el trabajo es en realidad otra pregunta: «¿A quién puedo ayudar?».

ESTO ES MARKETING

- El marketing busca *más*. Más cuota de mercado, más clientes, más trabajo.
- El marketing está impulsado por lo mejor. Mejor servicio, mejor comunidad, mejores resultados.
- El marketing crea cultura. Estatus, afiliación, gente como nosotros.
- El marketing es, por encima de todo, cambio.
- Cambia la cultura, cambia el mundo.
- Los profesionales del marketing hacen realidad el cambio.
- Todos somos profesionales del marketing, y todos tenemos capacidad para hacer realidad más cambios de lo que nos imaginamos. Nuestra oportunidad y nuestra obligación es hacer marketing del que podamos sentirnos orgullosos.

¿QUÉ ALTURA TIENE TU GIRASOL?

A la mayoría de la gente solo le importa esto. El tamaño de una marca, su cuota de mercado, el número de seguidores en las redes sociales. Los profesionales del marketing consagran la mayor parte de su tiempo a gestionar el espectáculo del despliegue publicitario, a intentar ser cada vez más grandes.

Pero la realidad es que los girasoles altos tienen raíces profundas y complejas. Sin ellas, jamás podrían llegar a ser muy altos.

Este libro va sobre raíces. Sobre anclar intensamente el trabajo en los sueños y en los deseos que quieres hacer realidad y en las comunidades a las que quieres ofrecer tus servicios. Va sobre cambiar a la gente para mejor, en crear trabajo del que puedas sentirte orgulloso. Y va sobre ser el impulsor del mercado, y no simplemente dejarse impulsar por el mercado.

Podemos hacer trabajo relevante para la gente que nos importa. Si eres como la mayoría de mis lectores, no creo que puedas hacerlo de otra manera.

NO SALDRÁ POR SÍ SOLO AL MERCADO

Las mejores ideas no se adoptan al instante. Incluso el semáforo o los helados con coberturas de frutos secos y jarabes tardaron años en popularizarse.

Y es así porque las mejores ideas exigen cambios importantes. Suelen ir en contra del *statu quo*, y de todos es sabido que la inercia es una fuerza poderosa.

Porque hay mucho ruido y mucha desconfianza. El cambio es arriesgado.

Y porque queremos que los demás lo prueben antes que nosotros.

Tu trabajo más generoso y concienzudo necesita encontrar a la gente a la que está destinado. Y tu trabajo de más éxito se propagará porque lo diseñaste para que así sucediera.

EL MARKETING NO CONSISTE SOLAMENTE EN VENDER JABÓN

Cuando estás haciendo una charla TED, estás haciendo marketing.

Cuando le pides un aumento de sueldo a tu jefe, estás haciendo marketing.

Cuando recaudas dinero para mejorar el parque infantil de tu comunidad, estás haciendo marketing.

Y sí, cuando intentas hacer crecer tu departamento en el trabajo, también estás haciendo marketing.

Durante mucho tiempo, en la época en la que marketing y publicidad eran la misma cosa, el marketing estaba reservado para los altos ejecutivos que gestionaban los presupuestos.

Pero ahora es también para ti.

EL MERCADO DECIDE

Has creado algo asombroso. Tienes que ganarte la vida. Tu jefe quiere incrementar las ventas. Esa organización sin ánimo de lucro que tanto te interesa, una organización importante, necesita recaudar fondos. Tu candidato no está teniendo buenos resultados en las encuestas. Quieres que el jefe apruebe tu proyecto...

¿Por qué no funciona? Si de lo que se trata es de crear, si escribir o pintar o construir es tan divertido, ¿por qué nos preocupa tanto que nos encuentren, nos reconozcan, nos publiquen, nos difundan..., es decir, que nos comercialicen?

El marketing es el acto de hacer que se produzca el cambio. Con hacer no basta. El impacto no se produce hasta que has cambiado a alguien.

Cuando has cambiado el modo de pensar de tu jefe.

Cuando has cambiado el sistema escolar.

Cuando has cambiado la demanda de tu producto.

Y esto se puede conseguir creando tensión y, luego, atenuándola. Estableciendo normas culturales. Entendiendo roles y ayudando a cambiarlos (o a mantenerlos).

Pero antes que nada, hay que verlo. Y luego hay que decidir trabajar con seres humanos para ayudarles a encontrar lo que andan buscando.

CÓMO SABER SI TIENES UN PROBLEMA DE MARKETING

No estás lo bastante ocupado.

Tus ideas no se están difundiendo.

La comunidad que te rodea no es lo que podría ser.

La gente que te importa no está consiguiendo todo lo que esperaba.

Tu político necesita más votos, tu trabajo no te llena, tus clientes se sienten frustrados.

Si ves una manera de mejorar las cosas, tienes un problema de marketing.

LA RESPUESTA A UNA PELÍCULA

El cineasta y promotor musical Brian Koppelman utiliza la expresión «la respuesta a una película», en la que la película se equipara al problema.

Y lo es, naturalmente. Es el problema de desbloquear al espectador (o al productor, o al actor, o al director). De ganar adeptos. De que te permitan entrarles con tu historia. De tener la oportunidad de contar tu historia y, después, de tener esa historia que crea algún tipo de impacto.

Y, del mismo modo que una película es un problema, también lo es la historia de tu marketing. Tiene que conmover de algún modo a tus interlocutores, tiene que decirles algo que están esperando escuchar, algo que están abiertos a creer. Tiene que invitarles a emprender un viaje en el que pueda producirse un cambio. Y, luego, cuando has conseguido abrir todas esas puertas, tiene que solucionar el problema, hacer realidad la promesa.

Tienes una pregunta de marketing, y es posible que exista una respuesta. Pero solo la obtendrás si la buscas.

VENDER TU TRABAJO VALIÉNDOTE DEL MARKETING ES UNA QUEJA EN EL CAMINO HACIA LA MEJORA

Dicen que la mejor forma de quejarse es mejorando las cosas.

Es difícil hacerlo si no puedes difundir tus ideas, si no puedes compartirlas o si no te pagan por el trabajo que haces.

El primer paso en el camino para mejorar las cosas consiste en hacer cosas mejores.

Pero la mejora no depende solo de ti. La mejora en un vacío es imposible.

La mejora es el cambio que vemos cuando el mercado adopta lo que le estamos ofreciendo. La mejora es lo que sucede cuando la cultura absorbe nuestro trabajo y mejora. La mejora es lo que sucede cuando hacemos realidad los sueños de las personas a quienes ofrecemos nuestras ideas.

Los profesionales del marketing mejoran las cosas haciendo realidad el cambio.

Compartir tu camino hacia la mejora es lo que se conoce como marketing, y tú puedes hacerlo. Todos podemos hacerlo.

Para más información sobre las ideas que se presentan en este libro, visita <www.TheMarketingSeminar.com>.

1. Sin consumismo de masas, sin *spam*, sin avergonzarse...

El marketing ha cambiado, pero nuestra idea sobre lo que tenemos que hacer a continuación no ha seguido el mismo ritmo de cambio. Cuando tenemos dudas, gritamos, egoístamente. Cuando nos quedamos arrinconados, ponemos en juego una estrategia ofensiva y le robamos a la competencia en vez de expandir el mercado. Cuando nos presionan, asumimos que todo el mundo está igual que nosotros, aunque desinformado.

Recordamos que nos hemos criado en el mundo del consumo masivo, marcados por la televisión y los éxitos musicales de los Top 40. Como profesionales del marketing, intentamos repetir trucos anticuados que hoy en día ya no funcionan.

LA BRÚJULA APUNTA HACIA LA CONFIANZA

Aproximadamente, cada trescientos mil años, el polo magnético norte y el polo magnético sur intercambian su posición. El campo magnético de la Tierra se invierte.

En el sentido cultural, ese tipo de inversión es un fenómeno que se produce aún más a menudo.

Y en el mundo del cambio cultural, acaba de pasar. El verdadero norte, el método que mejor funciona, se ha invertido. En vez de en la masa egoísta, el marketing efectivo se basa hoy en día en la empatía y el servicio.

En este libro trabajaremos en colaboración para resolver un conjunto de problemas relacionados entre sí: cómo difundir nuestras ideas; cómo crear el impacto que andamos buscando; cómo mejorar la cultura.

No existe un mapa de carreteras sencillo que nos guíe en nuestro camino. No existe una serie de tácticas que nos indique paso a paso qué hacer. Pero lo que sí puedo prometer al lector es una brújula (un verdadero norte), un método recursivo que irá mejorando cuanto más lo utilicemos.

Este libro se basa en un seminario de cien días que no solo incluye clases, sino también *coaching* personal a partir de los trabajos realizados. En <TheMarketingSeminar.com> reunimos a miles de profesionales del marketing y los retamos a profundizar, a compartir su viaje, a desafiarse mutuamente para descubrir las cosas que funcionan de verdad.

A medida que avances en el libro, no dudes en ningún momento si tienes que cambiar de opinión, si tienes que rehacer un supuesto o cuestionar una práctica actual: adáptate, prueba, verifica los resultados, y repite.

El marketing es una gran vocación. Es el trabajo del cambio positivo. Me emociona acompañarte en este viaje y confío en que aquí encuentres todas las herramientas que necesitas.

EL MARKETING NO ES UNA BATALLA, NO ES UNA GUERRA, NI SIQUIERA ES UNA COMPETICIÓN

El marketing es el acto generoso de ayudar a los demás a solucionar un problema..., su problema.

Es una oportunidad de cambiar la cultura para mejor.

El marketing no tiene nada que ver con gritos, acoso o coerción.

Es, en cambio, una oportunidad para ponerse al servicio de los demás.

Internet es el primer medio de comunicación de masas que no se inventó para hacer felices a los profesionales del marketing. La televisión se inventó para emitir anuncios publicitarios, y la radio se inventó para que los anuncios de radio tuvieran un lugar donde vivir.

Pero internet no se creó pensando en las interrupciones publicitarias ni en las masas. Es el medio de comunicación más grande que existe, pero también el más pequeño. No hay masas, ni puedes robar la atención del público sin pagar apenas nada como hacían las compañías en tiempos de tus abuelos. Para ser muy claro: internet es como un terreno de juego gratuito e inmenso, un lugar donde todas las ideas merecen ser vistas por todo el mundo. De hecho, es como un millón de millones de susurros, una serie infinita de conversaciones egoístas que rara vez te incluye a ti y el trabajo que realizas.

LA MAGIA DE LA PUBLICIDAD ES UNA TRAMPA QUE NOS IMPIDE CONSTRUIR UNA HISTORIA ÚTIL

Durante mucho tiempo, la forma más eficiente que tenía una empresa comercial para generar cambios a gran escala era muy sencilla: comprar publicidad. La publicidad funcionaba. Los anuncios eran una ganga. La publicidad se pagaba a sí misma con creces. Además, hacer publicidad era divertido. Podías comprar mucha publicidad de golpe. La publicidad te hacía famoso. La publicidad hacía famosa a tu marca. Y la publicidad era fiable: el dinero que se gastaba en ella era equivalente a las ventas obtenidas a cambio.

Así pues, ¿a alguien le extraña que, muy rápidamente, los profesionales del marketing decidieran que lo que ellos hacían era publicidad? Durante prácticamente toda mi vida, marketing *era* publicidad.

Pero luego dejó de ser así.

Lo cual significa que no te queda más remedio que convertirte en un profesional del marketing.

Lo cual significa ver lo que los demás ven. Construir tensión. Alinearse con las tribus. Crear ideas que se difundan. Significa hacer el trabajo duro de dejarse dirigir por el mercado y trabajar con ese mercado (con tu parte de ese mercado).

SOBRE CÓMO HACER OÍR TU VOZ (LA PREGUNTA INCORRECTA, PRECISAMENTE)

«¿Cómo hago oír mi voz?»

El experto en optimización de motores de búsqueda te promete que, cuando la gente te busque, la gente te encontrará.

El consultor de Facebook te explica cómo irrumpir en el perfil de la gente adecuada.

Los profesionales de relaciones públicas prometen artículos, menciones y reseñas.

Y Don Draper, David Ogilvy y demás cambian tu dinero por publicidad. Publicidad bella, sexi y efectiva.

Todo ello para que tu voz se haga oír.

Pero eso no es marketing, ya no lo es. Y no funciona, ya no funciona.

Hablaremos sobre cómo hacer que te descubra el mundo. *Pero esto es la última parte, no la primera.*

El marketing es lo bastante importante como para hacerlo bien, lo que significa que primero hay que hacer la otra parte.

LOS PROFESIONALES DESVERGONZADOS DEL MARKETING HAN HECHO QUE LOS DEMÁS SINTAMOS VERGÜENZA

Un embaucador que trabaje a corto plazo, buscando maximizar sus beneficios, acaba adoptando fácilmente una mentalidad de sinvergüenza. Practica el *spam* (o correo basura), el engaño, la coerción. ¿Existe en el mundo alguna otra profesión que se jacte con orgullo de hacer esto?

No encontrarás ingenieros civiles que llamen a ciudadanos ancianos a medianoche para venderles monedas coleccionables que no valen nada. Tampoco oirás hablar de contables que extraigan los datos de sus clientes sin permiso, ni de directores de orquesta que publiquen con orgullo en la web un montón de críticas falsas.

Esta desvergonzada búsqueda de atención a expensas de la verdad ha empujado a muchos profesionales del marketing, éticos y generosos, a ocultar sus mejores trabajos, a avergonzarse de la idea de verse dirigidos por el mercado.

Y eso no está bien.

El otro tipo de marketing, el marketing efectivo, consiste en comprender los puntos de vista y los deseos de nuestros clientes para poder conectar con ellos. Se trata de que te echen de menos cuando no estás, de aportar más de lo que esperan a quienes confían en nosotros. Se trata de buscar voluntarios, no víctimas.

En la actualidad, hay una gran oleada de gente que está haciendo marketing porque sabe que puede mejorar las cosas. Es gente que está preparada a comprometerse con el mercado porque sabe que puede contribuir a nuestra cultura.

Gente como tú.

LA CERRADURA Y LA LLAVE

Hacer una llave y, luego, empezar a ir por ahí en busca de una cerradura que poder abrir con ella no tiene sentido.

La única solución productiva consiste en encontrar una cerradura y, luego, confeccionar la llave.

Es más fácil crear productos y servicios para los clientes a los que quieres servir que encontrar clientes para tus productos y servicios.

EL MARKETING NO TIENE POR QUÉ SER EGOÍSTA

De hecho, el mejor marketing no lo es jamás.

El marketing es el acto generoso de ayudar a los demás a convertirse en quienes aspiran a convertirse. Implica crear historias honestas, historias que conmuevan y se propaguen. Los profesionales del marketing ofrecen soluciones, oportunidades para que la gente pueda solucionar problemas y seguir adelante.

Y cuando nuestras ideas se propagan, cambiamos la cultura. Construimos algo que la gente echaría de menos si no estuviera, algo que le da significado, relaciones y posibilidades.

El otro tipo de marketing —el bombo publicitario, el estafador, el que presiona— se basa en el egoísmo. Sé que no funciona a largo plazo y tú puedes hacerlo mejor que eso. Todos podemos.

CASO DE ESTUDIO: PENGUIN MAGIC

Abracadabra, la función se terminó.

Penguin Magic es el tipo de compañía para la que se inventó internet.

Es posible que de pequeño vivieras cerca de una tienda de magia. En mi ciudad natal sigue habiendo todavía una. Escasamente iluminada, con paredes recubiertas con paneles de formica y, casi con toda seguridad, con el propietario atendiendo a la clientela detrás del mostrador. Un propietario que, por mucho que adore su trabajo, no logra alcanzar el éxito.

Si te gusta la magia, seguro que conoces Penguin Magia. No es el Amazon de los trucos de magia (puesto que ser el Amazon de lo que sea es complicado). Pero ha conseguido adquirir un tamaño importante siendo muy distinto a Amazon y comprendiendo con exactitud lo que desea, conoce y cree su público.

En primer lugar, todos los trucos que venden se muestran en video. El video, claro está, no revela el secreto del truco, de modo que genera tensión. Si quieres conocerlo, no te queda otro remedio que comprarlo.

Los videos, publicados tanto en su página web como en YouTube, tienen ya más de mil millones de visualizaciones. Mil millones de visualizaciones sin costo de distribución alguno.

En segundo lugar, la gente que gestiona la página se dio cuenta de que los magos profesionales rara vez compran trucos, porque se bastan y se sobran con una decena o una veintena de trucos. Su público cambia a diario y no les importa repetirse.

El aficionado, por otro lado, siempre tiene el mismo público (amigos y familiares) y, en consecuencia, se ve obligado a cambiar constantemente su rutina.

En tercer lugar, todos los trucos reciben opiniones detalladas. Y no son opiniones escritas por los zopencos que pululan por Yelp o Amazon, sino por otros magos. Gente curtida, que sabe valorar el trabajo bien hecho. En la página web hay más de ochenta y dos mil opiniones sobre sus productos.

Como resultado de todo ello, los productos de gran calidad de Penguin cambian constantemente. Los creadores ven de inmediato el trabajo de su competencia y eso les da ímpetu para crear cosas incluso mejores. En Penguin, en vez de un ciclo de producción medido en años, una idea puede pasar de concepto a producto en tan solo un mes. Hasta la fecha, tienen en la página más de dieciséis mil productos distintos.

Penguin sigue invirtiendo en el establecimiento de relaciones no solo en el seno de la comunidad (tienen la dirección de correo electrónico de decenas de miles de clientes), sino también fuera de ella. Han realizado trescientas conferencias, que han acabado convirtiéndose en charlas TED sobre magia, además de gestionar casi un centenar de convenciones.

Cuánto más aprendan los magos entre ellos, más probabilidades hay de que Penguin siga siendo un éxito.

NO ERES UN PEZ GORDO

No trabajas para una compañía de jabones. No eres un profesional del marketing industrial obsoleto.

¿Por qué actúas entonces como tal?

La financiación que has conseguido a través de la web de micromecenazgo Kickstarter se acerca a la fecha de vencimiento y, por lo tanto, tienes una buena excusa para machacar con correos a todos los *influencers* que conoces para pedirles que te echen una mano. Pero te ignoran.

Trabajas para una compañía de marketing de contenidos y te dedicas obsesivamente a controlar cuántos clics obtienen tus artículos, por mucho que la porquería que escribes te haga sentir mal.

Te dedicas a elaborar gráficos sobre el número de seguidores que tienes en Instagram, por mucho que sepas que todos los demás se limitan simplemente a comprar seguidores.

Bajas tus precios porque la gente te dice que tus tarifas son demasiado altas, pero no parece servir de nada.

Siempre es lo mismo: el viejo egoísta de la era industrial modernizado para una nueva generación.

Tu situación de emergencia no es una licencia para robarme la atención. Tu inseguridad no es un permiso para acosarme a mí y a mis amigos.

Existe una manera más efectiva. Puedes hacerlo. No es fácil. Pero la escalera que te lleva hasta allí está bien iluminada.

HA LLEGADO EL MOMENTO

Ha llegado el momento de saltar del carrusel de las redes sociales, que cada vez gira más rápido pero no lleva a ninguna parte.

El momento de dejar de acosar e interrumpir.

El momento de dejar de enviar correos basura y pensar que son bienvenidos.

El momento de hacer cosas corrientes para gente corriente y suponer, por otro lado, que puedes trabajar con precios más altos que los corrientes.

El momento de dejar de suplicar a la gente que sea tu cliente, y el momento de dejar de sentirte mal por cobrar por tu trabajo.

El momento de dejar de buscar atajos, y el momento de empezar a insistir en un camino largo y viable.

2. El profesional del marketing aprende a ver

En 1983, era un joven e inexperto *brand manager* en Spinnaker, una pequeña compañía de software en la que empecé a trabajar después de finalizar mis estudios en la escuela de negocios. De pronto, me encontré gestionando un presupuesto de millones de dólares, asistiendo a elegantes comidas con publicistas y a sentir una necesidad urgente: dar a conocer el software que mi maravilloso equipo había creado.

Gasté *todo* el dinero destinado a publicidad del que disponía. Los anuncios no funcionaron porque todo el mundo ignoraba los anuncios. Pero, de un modo u otro, el software se fue vendiendo.

A lo largo de los años, he puesto en marcha docenas y docenas de proyectos y he vendido bienes y servicios a empresas y a personas. He trabajado con Jay Levinson, el padre del marketing de guerrilla, con Lester Wunderman, el padrino de la publicidad por correo directo, y con Bernadette Jiwa, la dama de la narración publicitaria. Mis ideas han desarrollado compañías de mil millones de dólares, y han recaudado una cantidad similar para destacadas organizaciones sin ánimo de lucro.

Por encima de todo, mi viaje ha consistido en comprender qué es lo que funciona y en intentar comprender lo que no funciona. Ha sido un experimento continuo de prueba y error (error en su mayoría) con proyectos y organizaciones que son importantes para mí.

Y gracias a todo esto, dispongo en la actualidad de una brújula que me indica lo que es hoy en día el marketing, la condición humana y nuestra cultura. Se trata de un enfoque sencillo, pero que no siempre es fácil de adoptar, puesto que implica paciencia, empatía y respeto.

El marketing que impregna nuestras vidas no es el marketing que quiero que hagas. Los atajos que utilizan dinero para comprar atención y vender productos corrientes a gente corriente son un artefacto de otra época, no de la que vivimos ahora.

Es posible aprender a ver cómo el ser humano sueña, decide y actúa. Y si ayudas a la gente a ser una mejor versión de sí misma, a ser la persona que quiere ser, serás un buen profesional del marketing.

EL MARKETING EN CINCO PASOS

El **primer paso** consiste en inventar una cosa que merezca la pena crear, con una historia que merezca la pena contar y una contribución sobre la que merezca la pena hablar.

El **segundo paso** consiste en diseñarla y construirla de tal manera que haya unas cuantas personas que se beneficien especialmente de ella y se preocupen por ella.

El **tercer paso** consiste en contar una historia que encaje con la narrativa interna y los sueños de ese minúsculo grupo de gente, el mercado mínimo viable.

El **cuarto paso** es un paso que entusiasma a todo el mundo: hacer correr la voz.

El **último paso** se ignora muy a menudo: estar presente —de forma regular, consistente y generosa, durante años y años— para organizar, liderar y generar confianza en el cambio que quieres llevar a cabo. Obtener permiso para realizar el seguimiento y ganar adeptos a los que enseñar.

Como profesionales del marketing, tenemos que trabajar constantemente para ayudar a que la idea se propague de persona a persona, para cautivar una tribu y hacer posible el cambio.

ESTO ES MARKETING: UN RESUMEN

Las ideas que se propagan, ganan.

Los profesionales del marketing hacen posible el cambio: para el mercado mínimo viable, y entregando mensajes anticipados, personales y relevantes que la gente quiere recibir.

Los profesionales del marketing no utilizan a los consumidores para resolver el problema de su compañía; utilizan el marketing para solucionar los problemas de los demás. Poseen la empatía necesaria para saber que aquellos a quienes aspiran a servir no quieren lo que el profesional del marketing quiere, no creen lo que ellos creen y no les importa lo que a ellos les importa. Y saben que, probablemente, nunca será así.

En el corazón de nuestra cultura encontramos nuestra creencia en el estatus, la percepción que tenemos del papel que debemos jugar en cualquier interacción, de lo que vamos a hacer a continuación.

Utilizamos roles de estatus y nuestras decisiones sobre afiliación y dominio para decidir hacia dónde queremos ir y cómo llegar hasta allí.

Las historias persistentes, consecuentes y frecuentes, comunicadas a un público que esté en línea con ellas, captarán su atención, su confianza y lo impulsarán a actuar.

El marketing directo no es lo mismo que el marketing de marca, aunque ambos estén basados en nuestra decisión de hacer lo correcto para la gente correcta.

«La gente como nosotros hace cosas como esta», así es como entendemos nuestra cultura, y los profesionales del marketing se apuntan a diario a esta idea.

Las ideas avanzan por una pendiente. Serpentean con facilidad entre quienes las adoptan primero, saltan un abismo y, luego, ascienden con esfuerzo hacia las masas. A veces.

Nuestro cerebro está repleto de ruido y, en consecuencia, la atención es un bien preciado. Los profesionales del marketing inteligentes intentan facilitar la vida a quienes trabajan con ellos, ayudándoles a posicionar la oferta de tal modo que tenga sentido y sea recordable.

El marketing empieza (y a menudo termina) con lo que hacemos y con cómo lo hacemos, y no tiene que ver con todo lo que sucede después de que el producto o servicio se haya diseñado y enviado.

La táctica puede marcar la diferencia, pero la estrategia —nuestro compromiso con una forma de ser, una historia que contar, y una promesa que hacer realidad— puede cambiarlo todo.

Si quieres hacer cambios, empieza por hacer cultura. Empieza organizando un grupo estrechamente unido. Empieza sincronizando a la gente.

La cultura supera la estrategia..., porque gran parte de esa cultura *es* estrategia.

COSAS QUE LOS PROFESIONALES DEL MARKETING SABEN

1. La gente comprometida y creativa puede cambiar el mundo (de hecho, son los únicos que lo hacen). Tú también puedes hacerlo ahora mismo, y puedes hacer muchos más cambios de lo que te imaginas.

2. No puedes cambiar a todo el mundo; por lo tanto, si te formulas la pregunta «¿para quién es el cambio?», podrás centrar mejor tu actuación y gestionarás mejor a los no creyentes (tanto los que habitan en tu cabeza como los del mundo exterior).

3. El cambio funciona mejor si hay intención. La postura de trabajo que adoptar es la que responde a la pregunta «¿para qué es este cambio?».

4. Los seres humanos se cuentan historias. Por lo que a cada uno de nosotros se refiere, son siempre historias totalmente ciertas y, en consecuencia, es una locura intentar convencernos de lo contrario.

5. Podemos clasificar a la gente en grupos estereotipados que a menudo (aunque no siempre) se cuentan historias similares, grupos que toman decisiones similares con base en cómo perciben su estatus y otras necesidades.

6. Lo que tú dices no es tan importante como lo que los demás dicen de ti.

3. El marketing cambia a la gente a través de historias, relaciones y experiencias

CASO DE ESTUDIO: VISIONSPRING; VENDER LENTES A GENTE QUE LOS NECESITA

Todos tenemos una historia en la cabeza, una narración que utilizamos para movernos por el mundo. Lo extraordinario del caso es que cada narración es distinta.

Hace unos años, viajé con un pequeño equipo a un pueblo de la India con el fin de intentar comprender los retos a los que se enfrenta VisionSpring en su día a día.

VisionSpring es una empresa que se dedica a facilitar lentes para leer a mil millones de personas de todo el mundo que los necesitan, pero no pueden conseguirlos.

Cuando la esperanza de vida era de treinta o cuarenta años, a nadie le importaba que la mayoría de la gente fuera a necesitar lentes para leer a partir de los cincuenta. Pero a medida que esa esperanza de vida ha aumentado, cada vez son más las personas que están sanas y activas, pero incapacitadas para trabajar porque no pueden leer o no pueden realizar trabajos que exijan tener una buena visión de cerca. Si trabajas como costurero, enfermero o joyero, trabajar sin lentes a partir de cierta edad es prácticamente imposible.

La estrategia de VisionSpring consiste en fabricar lentes al por mayor a un costo muy bajo, aproximadamente a un par de dólares la unidad; luego, trabajando en colaboración con vendedores ambulantes locales, hacen llegar sus lentes a pueblos de todo el mundo, donde los venden aproximadamente a tres dólares.

La diferencia de un dólar entre el costo de fabricación y el costo de venta es suficiente para pagar el envío y a los vendedores locales, y también para que la organización siga creciendo.

Cuando montamos nuestra mesa de exposición en un pueblo, se acercó mucha gente a ver qué sucedía. Era un día muy caluroso, y había poco que hacer.

Los hombres iban vestidos con las camisas de trabajo tradicionales de la India, bordadas, con un bolsillo en la parte frontal. El tejido era tan fino que dejaba entrever que todos llevaban unas cuantas rupias en esos bolsillos.

En consecuencia, sabía tres cosas:

1. Teniendo en cuenta su edad, mucha de aquella gente necesitaba lentes. Eso era pura biología.
2. Muchos no llevaban lentes, ni puestos ni en los bolsillos, razón por la cual deduje que con toda probabilidad no los tenían.
3. La mayoría de la gente que pululaba por allí llevaba dinero en el bolsillo. Y a pesar de que los lentes resultaban caros para alguien que solo gana tres dólares al día, todo el mundo llevaba dinero encima.

Cuando la gente se acercaba a la mesa, le entregábamos una hoja plastificada para poder realizar una prueba de visión. La prueba estaba hecha de tal manera que podían realizarla incluso los que no sabían leer, hablasen el idioma que hablasen.

Después, ofrecíamos unos lentes a la persona interesada y le pedíamos que se sometiese de nuevo a la prueba. Y entonces, al instante, se daba cuenta de que veía perfectamente de cerca. Así es como funcionan. Para esos hombres y mujeres no era una nueva tecnología, ni una tecnología que no les inspirara confianza.

A continuación, retirábamos el par de lentes de muestra y le ofrecíamos al cliente un espejo y diez modelos distintos, nuevos y protegidos por fundas de plástico. Cerca de un tercio de las personas que se acercaron a la mesa y necesitaban lentes acabó adquiriendo un par.

Un *tercio*.

Me quedé pasmado.

Me parecía asombroso que el 65 por ciento de la gente que necesitaba lentes, que sabía que necesitaba lentes y que tenía dinero para comprarlos, acabara marchándose.

Me ponía en su lugar y me resultaba imposible imaginarme tomando aquella decisión. La posibilidad de adquirir unos lentes iba a desaparecer en una hora. El precio era fabuloso. Se trataba de una tecnología de confianza que funcionaba. ¿Qué estábamos haciendo mal?

Me pasé una hora sentado al sol, reflexionando sobre aquel problema. Tenía la sensación de que todos mis años de trabajo como profesional del marketing me habían llevado hasta allí.

De modo que decidí cambiar una cosa en el proceso.

Una cosa que *duplicó* el número de lentes vendidos.

Esto es lo que hice: sacar todos los lentes de la mesa.

A partir de entonces, cuando la gente que esperaba en la cola se probaba los lentes de muestra, le decíamos: «Estos son sus nuevos lentes. Si le funcionan y le gustan, páguenos tres dólares. Si no los quiere, devuélvanoslos, por favor».

Así de simple.

Cambiamos el relato. Pasamos de «aquí tiene usted una oportunidad de comprar, de que los lentes le sienten bien, de recuperar la visión, de disfrutar el proceso, de sentir que lo domina de principio a fin» a «¿quiere que nos llevemos los lentes o quiere pagar para quedarse con estos que ya ve que le están funcionando?».

El deseo de ganar contra el de evitar la pérdida.

Cuando vives en la pobreza más absoluta, cuesta imaginar el placer que puede llegar a proporcionar a la gente que vive en condiciones más afortunadas realizar una compra. La emoción que conlleva comprar algo que no has comprado nunca.

Comprar equivale a correr riesgos. Arriesgamos tiempo y dinero en algo nuevo, algo que puede ser magnífico. Y si corremos ese riesgo es porque equivocarse no tiene consecuencias fatales. Si nos equivocamos, no nos quedamos sin cenar ni sin poder ir al médico.

Y, si nos equivocamos, no solo seguiremos viviendo un día más, sino que, además, mañana mismo volveremos a ir de compras.

Por otro lado, al darme cuenta de que la gente tal vez no consideraba el proceso de compra del mismo modo que yo, o del mismo modo que lo consideraban los ópticos del mundo occidental, empecé a ver las cosas desde una perspectiva distinta. Tal vez esas personas a las que estábamos intentando ofrecer nuestros servicios veían el hecho de adquirir algo nuevo como una amenaza, no como una actividad divertida.

Los adolescentes que frecuentan un centro comercial típico se pondrían furiosos ante la idea de no poder probarse todos los lentes de la tienda, de no poder decidir con que par se quedaban.

La mayoría de nosotros no aceptaría un par de lentes usados, querría el último modelo del mercado. Aun en el caso de que «usados» significara probadas solo una vez. Pero no sirve de nada imaginarse que todo el mundo sabe lo que nosotros sabemos, que quiere lo que nosotros queremos y que cree lo que nosotros creemos.

Mi relato sobre cómo comprar lentes no es mejor ni peor que el que pudiera tener el siguiente cliente potencial que estaba haciendo cola en aquella mesa. Mi relato es simplemente mi relato, y, si no funciona, es una arrogancia seguir insistiendo en él.

El método para mejorar las cosas consiste en imaginarnos el relato que aquellos a quienes queremos servir necesitan realmente escuchar. Debemos ser generosos y compartir ese relato para que, de este modo, ellos puedan sentirse orgullosos de sus actos.

PÁRATE UN MOMENTO A PENSAR EN LOS SUV

Imagino que la mayoría de los lectores de este libro no se dedicará al marketing de coches, pero imagino también que la mayoría habrá comprado alguna vez un coche.

La pregunta sobre la que me gustaría reflexionar es: ¿por qué compraste el coche que compraste?

¿Por qué gente que nunca conducirá por caminos rurales acaba comprándose un Toyota Land Cruiser de noventa mil dólares?

¿Por qué pagar una cantidad adicional importante por el modo de conducción «Ludicrous» de un Tesla si no esperas (ni necesitas) pasar nunca de cero a cien en menos de tres segundos?

¿Por qué instalar en el coche un equipo de música de tres mil dólares si en casa solo escuchas una radiodespertador de treinta dólares?

Y lo más sorprendente: el color de coche más popular varía según el tipo de coche que se compra.

Si no estás dispuesto a hacer que la utilidad sea el principal objetivo de las decisiones que tomas cuando compras un vehículo de cincuenta mil dólares, ¿qué posibilidad tiene de serlo cuando compras una botella de perfume o un chicle?

El marketing no es una carrera para sumar más detalles, características o funciones por menos dinero.

El marketing es nuestra apuesta por el cambio en nombre de aquellos a quienes queremos servir, y lo hacemos comprendiendo las fuerzas irracionales que nos impulsan a todos.

LA ANÉCDOTA DE LA BROCA DE 0,5 MILÍMETROS

Theodore Levitt, profesor de Marketing de Harvard, se hizo famoso por una frase: «La gente no quiere comprar una broca de 0,5 milímetros. Lo que quiere es hacer un agujero de 0,5 milímetros».

La lección que tenemos que aprender aquí es que la broca no es más que una característica, un medio para conseguir un fin, que lo que realmente quiere la gente es el agujero que hará con la broca.

Pero eso no llega lo suficientemente lejos. Nadie quiere un agujero.

Lo que la gente quiere es la estantería que colgará de la pared una vez se haya hecho el agujero con el taladro.

De hecho, lo que quiere la gente es la sensación de bienestar que produce el orden, una vez esté todo colocado en la estantería que se ha colgado en la pared después de taladrar el agujero de 0,5 milímetros.

Pero, espera un momento...

La gente quiere también la satisfacción que aporta saber que lo has hecho tú solo.

O tal vez la subida de estatus que se obtiene cuando tu pareja admira el trabajo que has hecho.

O la paz mental que proporciona saber que la habitación ya no es un lugar donde reina el caos, sino un espacio seguro y limpio.

«La gente no quiere comprar una broca de 0,5 milímetros. Lo que quiere es sentirse segura y respetada.»

Bingo.

LA GENTE NO QUIERE LO QUE TÚ HACES

Lo que quiere la gente es lo que eso que tú haces hará por ella. Lo que quiere es cómo eso que tú haces le hará sentirse. Y no hay muchos sentimientos entre los que elegir.

Podría decirse que los sentimientos que ofrecemos los profesionales del marketing son básicamente los mismos; solo que lo hacemos de maneras distintas, con distintos servicios, productos e historias. Y lo hacemos para personas distintas en momentos distintos.

Si eres capaz de aportar a alguien un sentimiento de pertenencia, de relación con los demás, de paz mental, de estatus o cualquiera de sus emociones más deseadas, habrás hecho algo que merece la pena. Lo que vendes no es más que un camino para conseguir estas emociones, y, cuando nos centramos en las tácticas y no en los resultados, decepcionamos a todo el mundo. Las dos preguntas que deberían guiar todas nuestras emociones son «¿para quién es esto?» y «¿para qué es esto?».

HISTORIAS, RELACIONES Y EXPERIENCIAS

La buena noticia es que no necesitamos confiar en los atajos más brillantes y más novedosos de los medios digitales, puesto que tenemos a nuestra disposición herramientas más potentes, más matizadas y más atemporales.

Contamos historias. Historias que conmueven y que perduran en el tiempo. Historias que son verídicas, puesto que las hacemos realidad con nuestros actos, nuestros productos y nuestros servicios.

Establecemos relaciones. El ser humano es solitario y quiere ser visto y conocido. La gente quiere formar parte de alguna cosa. Así siempre es más seguro, y a menudo más divertido.

Creamos experiencias. Utilizando un producto, interactuando con un servicio. Haciendo una donación, asistiendo a un acto electoral, llamando la atención al cliente. Todas estas acciones forman parte de la historia, todas ellas forman una pequeña parte de nuestra relación. Como profesionales del marketing, podemos ofrecer estas experiencias con intención, haciéndolas con un objetivo.

Toda la organización trabaja por y con el profesional del marketing, porque el marketing lo es todo. Lo que hacemos, cómo lo hacemos, para quién lo hacemos. Son los efectos directos y los efectos colaterales, el precio y el beneficio, todo a la vez.

CENTRADO EN EL MERCADO: ¿QUIÉN CONDUCE EL AUTOBÚS?

Toda compañía, y todo proyecto, están centrados en una fuerza impulsora principal.

Hay restaurantes que se centran y giran en torno a su chef. Silicon Valley se centra en la tecnología. Las firmas de inversión de Nueva York se centran en el dinero, se concentran en el precio de la acción o en la última manipulación financiera.

El conductor, quienquiera que elijas que sea, es la voz que se hace oír con mayor claridad, y la persona que posee esa voz es la que se sienta en la cabecera de la mesa.

Con frecuencia, las compañías se centran en el mercado. Son escurridizas, se concentran en la oferta, tienen una superficie brillante, con capacidad para exprimir siempre un dólar más.

La verdad es que no me interesa ayudarte a convertirte en un profesional centrado en el marketing, porque lo considero un callejón sin salida.

La alternativa es centrarse en el *mercado*, es decir, oír al mercado, escucharlo y, lo que es más importante, influirlo, doblegarlo, mejorarlo.

Cuando estás centrado en el mercado, te concentras en el último robo de datos que pueda haber sufrido Facebook, en el diseño de tu nuevo logo y en tu modelo de precios para Canadá. Por otro lado, cuando te centras en el mercado, piensas mucho en las esperanzas y los sueños de tus clientes y sus amigos. Escuchas sus frustraciones e inviertes en cambiar la cultura.

Centrarse en el mercado es una actitud que perdura.

EL MITO DE LA ELECCIÓN RACIONAL

La microeconomía se basa en una afirmación demostrablemente falsa: «Se da por supuesto que, para determinar sus preferencias, el agente racional tiene en cuenta toda la información disponible, la probabilidad de que se produzcan los hechos, así como los costos y beneficios potenciales, y actúa en consecuencia realizando una elección óptima por sí misma», dice Wikipedia.

Por supuesto que no es así.

Tal vez, si consiguiéramos reunir un grupo de gente lo suficientemente grande, sería posible que en algunos aspectos, en promedio, pudiéramos ver destellos de esta conducta. Pero no me gustaría que apostaras por ello.

De hecho, tendrías que apostar por lo siguiente: «En caso de duda, hay que asumir que la gente actuará según las necesidades irracionales que tenga en aquel momento, ignorando la información que va en contra de sus creencias, poniendo los beneficios a corto plazo por encima de los que podrían obtenerse a largo plazo y, por encima de todo, dejándose influir por la cultura con la que se identifica».

Y aquí es donde puedes cometer dos errores:

1. Dar por sentado que la gente a la que aspiras a ofrecer tus servicios son personas que toman decisiones estando bien informadas, de manera racional e independiente y pensando en el largo plazo.

2. Dar por sentado que todo el mundo es como tú, que sabe lo que tú sabes y que quiere lo que tú quieres.

Yo no soy racional, y tú tampoco lo eres.

4. El mercado mínimo viable

¿QUÉ CAMBIO INTENTAS LLEVAR A CABO?

La pregunta es muy sencilla, pero esconde muchas cosas, puesto que implica que eres responsable. Eres un actor con intención, un agente del cambio, un ser humano que trabaja duro para cambiar a otros seres humanos.

Es posible que este sea tu trabajo, es posible que esta sea tu pasión, y, con un poco de suerte, es posible que sean las dos cosas.

El cambio puede ser trivial: «Mi intención es que la cuota de mercado de la marca de jabón para lavadora OZO aumente un 1 por ciento, y, para ello, necesito convertir usuarios de la marca Clorox en usuarios de la marca OZO»; o bien puede ser profundo: «Mi intención es conseguir que los doce niños del programa de actividades extraescolares que dirijo tengan más potencial y más habilidades de lo que el mundo les quiere hacer creer».

Tal vez sea: «Voy a convertir a no votantes en votantes»; o bien: «Voy a transformar a la gente que aspira a ser dominante en gente que desee que los demás se afilien de buen grado a sus ideas».

Independientemente de cuáles sean los detalles concretos del caso, si eres un profesional del marketing, estás en el negocio de hacer realidad el cambio. Negarlo es una forma de esconderse; es más productivo asimilarlo.

Tropezón n.º 1. Elegir un cambio grandioso y prácticamente imposible resulta tentador. «Quiero cambiarle la cara a la asignatura de música y convertirla en un tema prioritario en la enseñanza de todo el país.» Sí, por supuesto, es una idea estupenda, pero no se ha hecho nunca, y mucho menos lo ha hecho alguien que disponga solo de tus recursos. Me declaro admirador de los goles que provocan el vuelco en el resultado del partido. Adoro las historias inspiradoras de gente que, contra todo pronóstico, consigue cambiarlo todo.

Pero...

Se trata de una carga muy pesada y, a la vez, de una excusa muy útil en momentos de desesperación. No es de extrañar que pronto te quedes atascado sin poder avanzar, porque lo que pretendes hacer es un imposible.

A lo mejor tendría más sentido empezar con un obstáculo que puedas saltar. A lo mejor tendría sentido ser muy concreto con respecto al cambio que aspiras a llevar a cabo y, de este modo, hacerlo posible. Y, luego, a partir de este éxito, poder replicar el proceso en retos más grandes.

Tropezón n.º 2. Quieres defender lo que ya estás haciendo, que es vender lo que te han encargado vender. Para ello, das marcha atrás, concibes un «cambio» que se ajuste a lo que sea que vendes y lo envuelves con jerga y palabrería que nadie logra entender. Este es un ejemplo que acabo de encontrar: «Activación y compromiso con el nuevo *thriller* de TNT que elabora un metacomentario sobre la identidad del espectador».

¿En serio?

Por otro lado, este es un ejemplo de By the Way Bakery, empresa fundada por mi esposa. Se trata de la cadena de panaderías con productos sin gluten más grande del mundo. ¿Qué cambio implementó con ese negocio? «Queremos garantizar que nadie quede excluido. Ofreciendo a nuestros clientes productos de panadería sin gluten, sin lactosa y *kosher*, que además son deliciosos, permitimos que todo el mundo pueda participar de las celebraciones familiares más especiales. Los anfitriones pasan de ser exclusivos a inclusivos, y los invitados, de ser elementos externos a la fiesta a integrarse por completo en ella.»

¿QUÉ QUIERES PROMETER?

Cuando el profesional del marketing presenta su mensaje (independientemente del medio de comunicación que utilice para ello), lo hace en forma de promesa: «Si haces X, obtendrás Y». A menudo, la promesa queda escondida. Y puede quedar escondida accidentalmente o ser camuflada con toda la intención. Pero lo que es evidente es que el marketing efectivo siempre conlleva una promesa.

Una promesa no es lo mismo que una garantía. Lo que el profesional del marketing aspira a decir es algo así como: «Si esto te funciona, descubrirás que...».

De este modo, podemos invitar a la gente a que venga a nuestro club de *jazz* para disfrutar de mucho más que una velada agradable. O prometerle que si escucha nuestras cintas, iniciará un viaje espiritual. O que nuestro queso especial le transportará a la vieja Italia... Aquí no estamos hablando de eslóganes, pero sí de frases que ofrecen al público una visión del tipo de promesa del que le estamos hablando.

«Se rieron cuando me senté al piano..., pero en cuanto empecé a tocar...», es una promesa relacionada con el estatus.

«¡Arrollaremos al contrario!», es una promesa relacionada con el dominio.

«Las madres exigentes eligen Jif», es una promesa relacionada con el estatus y el respeto.

«Juro lealtad...», es una promesa relacionada con pertenencia.

«La Tierra necesita un buen abogado», es una promesa sobre afiliación y justicia.

La promesa está directamente relacionada con el cambio que quiere llevar a cabo, y está dirigida a la gente a la que se quiere cambiar.

¿A QUIÉN QUIERES CAMBIAR?

En cuanto te preguntes sobre el cambio que quieres llevar a cabo, te darás cuenta que es imposible cambiar a *todo el mundo*. Todo el mundo es mucha gente. Todo el mundo es un concepto demasiado diverso, demasiado enorme y demasiado indiferente para que sea posible efectuar el cambio.

Por lo tanto, el cambio tiene que estar dirigido a *un* individuo. O tal vez a un *grupo* de individuos.

¿Qué individuos?

Da igual si son o no todos iguales, pero siempre resulta útil tener alguna manera de agruparlos. ¿Comparten algún tipo de creencia? ¿Un ámbito geográfico? Una demografía o, más probablemente, una psicografía?

¿Puedes distinguirlos entre una multitud? ¿Qué es lo que los hace distintos a los demás y similares entre ellos?

A lo largo del libro, volveremos a esta pregunta esencial: «¿Para quién es?». Una pregunta que tiene un poder sutil pero mágico, la capacidad de cambiar el producto que haces, la historia que explicas y dónde la explicas. En cuanto tengas claro «para quién es», se te empezarán a abrir las puertas.

Veamos un ejemplo sencillo. Tanto en Dunkin' Donuts como en Starbucks se vende café. Pero, durante las dos primeras décadas de su existencia, Starbucks nunca intentó vender café a la gente que lo compraba en Dunkin', y viceversa.

A pesar de que las dos compañías tienen evidentes diferencias externas (en Boston, encontrarás más taxistas y obreros de la construcción en un establecimiento de Dunkin' Donuts que en un Starbucks), la diferencia real no era externa, sino interna. Starbucks se planteó ofrecer sus productos a un cliente con un conjunto de creencias muy definido sobre el café, el tiempo, el dinero, la comunidad, la oportunidad y el lujo, y, obsesionándose con este grupo de individuos, construyó una marca que ha perdurado en el tiempo.

VISIONES DEL MUNDO Y PERSONAS

Pero ¿*qué* mercado?

¿Qué gente?

Si tuvieses que elegir mil personas para que fuesen tus principales admiradores, ¿a quién tendrías que elegir?

Empieza eligiendo a la gente según sus sueños, sus creencias y sus deseos, no por su aspecto. Es decir, utiliza la psicografía antes que la demografía.

Del mismo modo que podemos agrupar a la gente por el color de sus ojos o por la longitud de su dedo anular, podemos también agruparla según las historias que explican. Es lo que el lingüista cognitivo, George Lakoff, denomina *visiones del mundo*.

Una visión del mundo es el atajo, el acceso directo, la lente que cada uno de nosotros utiliza para ver el mundo. Son nuestros supuestos y nuestra subjetividad, y sí, son los estereotipos que nos hemos formado sobre el mundo que nos rodea. Los espectadores fieles a Fox News tienen una visión del mundo. Igual que la tienen los que practican la caza del zorro. Y la gente que frecuenta los pases nocturnos de *The Rocky Horror Picture Show*. Todo el mundo merece ser tratado, como individuo, con dignidad y con respeto por sus elecciones. Pero, como profesionales del marketing, tenemos que empezar con una visión del mundo, e invitar a la gente que comparte esa visión del mundo a que se sume a nosotros. Decir «yo he hecho esto» es un punto de partida muy distinto a decir «¿qué quieres?».

Si tenemos pruebas sobre la visión del mundo de una persona, podremos intuir cómo reaccionará esa persona a una determinada noticia u obra de arte.

Cuando Ron Johnson fue contratado como consejero delegado de JCPenney en 2011, una de sus primeras acciones fue terminar con la corriente continua de descuentos y ventas urgentes que los grandes almacenes ofrecían siempre a sus clientes. Johnson tomó esa decisión basándose en *su* visión del mundo, en su opinión subjetiva sobre el proceso de compra. No consideraba posible que unos grandes almacenes de calidad, un lugar donde a él le gustara comprar, estuvieran ofreciendo constantemente rebajas, cupones y descuentos, e intentó transformar JCPenney en el tipo de establecimiento que a *él* le gustaba. Como resultado de ello, las ventas cayeron más de un 50 por ciento.

Johnson, cuyo anterior puesto había sido de vicepresidente responsable de operaciones de venta al menor en Apple, veía el mundo de la venta directa a través de la lente de la elegancia, la discreción, el respeto mutuo. Era un comprador de productos de lujo y le gustaba vender productos de lujo. Como consecuencia de su visión del mundo, dejó de lado a los clásicos admiradores de Penney: gente aficionada al deporte de la caza de gangas. Que adoraba las compras rápidas. Gente cuya visión del mundo era distinta a la de él. Los clientes de Penney jugaban un juego que les hacía sentirse ganadores.

Sí, estamos hablando de estereotipos, estamos encasillando, exagerando expresamente actitudes y creencias de la gente para ofrecerles el mejor servicio.

En este ejercicio, hay un atajo muy conveniente que consiste en identificar a los distintos personajes que podemos encontrarnos. Tenemos a «Bill Gangas», que practica el deporte de comprar a la vez que se pelea con su relato sobre el dinero. Y luego está «Henry Prisas», que siempre anda buscando un atajo y no está dispuesto a hacer colas ni a seguir las indicaciones ni a pensarse las cosas dos veces, sobre todo cuando va de viaje de negocios. A su lado está «Karla Prudente», que recela del taxista, que está segura de que la recepcionista se la dará con queso y que jamás consumirá nada del minibar del hotel.

Todo el mundo tiene su problema, su deseo, su relato.

¿A quién aspiras a ofrecer tus servicios?

OBLÍGATE A CENTRARTE EN TU CLIENTE

La búsqueda implacable del público de masas acaba haciéndote aburrido, porque el público de masas significa la media, significa el punto central de la curva, te exige no ofender a nadie y satisfacer a todo el mundo. Te llevará a compromisos y a generalizaciones. Empieza mejor con el *mercado mínimo viable*. ¿Cuál es la cantidad mínima de individuos a la que necesitas influir para que el esfuerzo merezca la pena?

Si solo pudieras cambiar a treinta personas o a tres mil personas, tendrías que ser exigente con quién eliges. Si tuvieras una escala limitada, concentrarías tus energías en la composición del mercado.

Cuando Union Square Cafe abrió en Nueva York, su fundador, Danny Meyer, sabía que solo podía atender a seiscientas personas diarias. La sala no permite más servicios. Cuando solo puedes satisfacer a seiscientas personas, la mejor forma de empezar es eligiendo a *qué* seiscientas personas. Elegir a las personas que quieren lo que tú ofreces. Elegir a las personas más abiertas a escuchar tu mensaje. Elegir a las personas que se lo contarán a las personas adecuadas... La magia de Union Square Cafe no era su ubicación (cuando se inauguró, era en un barrio espantoso), ni disponer de un chef famoso (no había chef). No, la magia estuvo en tener las agallas necesarias para seleccionar cuidadosamente a los clientes. Si eliges a quien quieres ofrecer tus servicios, elegirás tu futuro.

El mercado mínimo viable es el foco que, irónica y deliciosamente, guiará tu crecimiento.

SER CONCRETO ES SER VALIENTE

Ser concreto significa ser responsable.

Funciona o no funciona.

Encaja o no encaja.

Se difunde o no se difunde.

¿Estás escondiéndote detrás del concepto de «*todo el mundo*» o del de «*alguien*»?

Jamás serás capaz de ofrecer tus servicios a todo el mundo, lo cual es un consuelo, puesto que así, cuando veas que no lo consigues, la decepción que te lleves será menor.

¿Y si te comprometes con el público mínimo viable? ¿Y si te muestras muy concreto con respecto a quién aspiras a ofrecer tus servicios y el cambio concreto que intentas llevar a cabo?

Organiza tu proyecto, tu vida y tu organización alrededor de ese mínimo. ¿Cuál sería el mercado mínimo con el que podrías sobrevivir?

Cuando hayas identificado la escala, busca un rincón del mercado que esté esperando que le prestes atención. Ve a los extremos.

Encuentra un lugar en el mapa donde tú, y solo tú, sea la respuesta perfecta. Haz realidad los sueños, anhelos y deseos de este grupo ofreciéndole tus cuidados, tu atención y tus servicios. Haz realidad el cambio. Un cambio que sea tan profundo que la gente que lo reciba no pueda evitar hablar sobre él.

El concepto del buen emprendedor se desarrolla a partir de la idea del producto mínimo viable. Imagínate la versión más sencilla de tu producto, comprométete con el mercado, y, luego, mejóralo y repite.

Pero de lo que la gente suele olvidarse es de la palabra «viable». Enviar basura a los clientes no es justo. Poner en el mercado algo que aún no funciona no sirve de nada.

Cuando combinamos estas ideas, podemos pensar en pequeño y pensar con rapidez. Esta forma ágil de abordar el mercado, combinada con el foco implacable en aquellos a quienes aspiramos a ofrecer nuestros servicios, significa que es más probable que podamos serles útiles.

Steve Blank, emprendedor y pionero de Silicon Valley, introdujo el foco en el cliente como el único proyecto de una *startup*. El desarrollo de la clientela es el acto de ganar aceptación entre los clientes, de encontrar el encaje entre lo que tú haces y lo que ellos quieren. Esta aceptación vale mucho más que la última tecnología o el marketing caro. Eso, y solo eso, es lo que diferencia los proyectos de éxito de los proyectos fracasados. ¿Existe en el mundo gente que desea tantísimo tu éxito que estaría dispuesta a pagarte para que produzcas el cambio que aspiras a llevar a cabo?

Cuando te alejas de la arrogancia del «todo el mundo», todo se vuelve más fácil. Tu trabajo no es para todo el mundo. Es solo para aquellos que se apuntan al viaje.

¡EVITA A LOS NO CREYENTES!

La burbuja de filtros existe. Es fácil rodearnos solo de aquellas noticias con las que estamos de acuerdo. Podemos pasarnos la vida creyendo que todo el mundo comparte nuestra visión del mundo, que cree lo mismo que nosotros creemos y que quiere lo mismo que nosotros creemos.

Hasta que empezamos a enfocar nuestro marketing hacia las masas.

Cuando nos ponemos como objetivo ofrecer nuestros servicios al máximo de público posible, el público acabará rechazándonos. El coro de «noes» se volverá ensordecedor. Y el *feedback* podría ser directo, personal y concreto.

Ante tanto rechazo, es fácil ir limando la oferta para que pueda encajar. Encajar por todas partes. Encajar más que nadie.

Resistir.

No es para ellos.

Es para el público mínimo viable, para aquellos a quienes te propusiste ofrecer tus servicios desde un principio.

¿DÓNDE ESTÁ EL AMOR?

Clay Shirky, periodista pionero especializado en tecnología, entendía muy bien cómo el software enfocado a la comunidad lo cambia todo: «Hemos vivido en un mundo donde las cosas pequeñas se hacen por amor y las cosas grandes se hacen por dinero. Pero ahora tenemos Wikipedia. De pronto, también es posible llevar a cabo grandes proyectos por amor».

Pero eso no termina en el software.

El objetivo del público mínimo viable es encontrar personas que te entiendan y que se enamoren del proyecto hacia el que tú esperas guiarlas.

El amor es una forma de expresarse. Integrarse en tu movimiento es la forma de expresión que ha elegido tu público.

Ese amor conduce a la aceptación, conduce al evangelismo. Ese amor forma parte de la identidad de la gente, es la oportunidad de hacer algo que considera correcto. De expresarse a través de su contribución, de sus actos y de la insignia que luce en el pecho.

No esperes que todo el mundo vaya a comportarse así, y trabaja para aquellos que sí lo hacen.

ESO DE QUE «EL GANADOR SE QUEDA CON TODO» RARA VEZ SUCEDE

Incluso en una democracia, una situación donde quedar en segundo lugar no suele merecer la pena, la idea de pensar «en todo el mundo» es un error.

Recuerdo la conversación que mantuve un día con dos personas especializadas en organizar campañas electorales para el Congreso. No paraban de hablar de hacer llegar el mensaje a todo el mundo, de conectar con todo el mundo, de conseguir llevar a todo el mundo a las urnas.

Después de aquello, investigué un poco y averigüé que en las últimas primarias de aquel distrito solo votaron veinte mil personas, lo que significa que, en unas primarias disputadas, conseguir llevar a las urnas a cinco mil personas es la diferencia entre ganar y perder. El distrito tiene 724.000 residentes; cinco mil personas es menos del 1 por ciento de los potenciales votantes.

La diferencia entre cinco mil y «todo el mundo» es enorme. Y, para tu trabajo, conseguir cinco mil personas fieles puede ser más que suficiente.

UNA TRANSFORMACIÓN CON UNA SOLA PALABRA

Ahora que comprendes que tu trabajo consiste en hacer realidad un cambio, y que puedes conseguirlo identificando a quiénes quieres cambiar, ganando fieles y educándolos para que sigan el camino hacia ese cambio, transformemos tu forma de describir a aquellos a quienes aspiras a cambiar.

Tal vez, en vez de hablar de oportunidades y de clientes, podrías referirte a ellos como tus «alumnos».

¿Dónde están tus alumnos?

¿Qué beneficio obtendrán del aprendizaje?

¿Están abiertos al aprendizaje?

¿Qué explicarán luego a los demás?

No me refiero a una relación alumno-maestro basada en exámenes y obediencia. Tampoco a la dinámica de poder del sexismo o del racismo. Sino a una relación de alumno-mentor, de suscripción voluntaria, de atención y de afecto.

Si tuvieras la oportunidad de enseñarnos alguna cosa, ¿qué aprenderíamos?

Si tuvieras la oportunidad de aprender, ¿qué te gustaría que te enseñaran?

PINTEMOS EL MAR DE MORADO

Existe una broma peligrosa que funciona con el tinte que se utiliza para identificar ladrones. Este tinte, que se vende en polvo, tiene un color muy chillón y con muy poca cantidad es suficiente. En cuanto el polvo entra en contacto con la humedad de la piel, se transforma en un color morado intenso que no se marcha con facilidad.

Basta echar una cucharadita de ese polvo en una piscina para que el agua se tiña permanentemente de morado. Pero si la echas al mar, nadie se dará cuenta.

Si aspiras a compartir tu mejor trabajo —tu mejor historia, tu apuesta por el cambio—, siempre es preferible que presente posibilidades de difundirse con facilidad. Siempre es preferible que sea permanente. Pero, aun en el caso de que sea un trabajo extraordinario, si lo lanzas al mar no marcará ninguna diferencia.

Lo cual no significa que renuncies a tus esperanzas.

Significa que tendrías que alejarte del océano y buscar una piscina grande.

Con eso bastará para marcar la diferencia; con estar allí, focalizándote con obstinación. En cuanto funcione, busca otra piscina. Y, mejor aún, permite que tus mejores clientes difundan la idea.

«NO ES PARA TI»

Supuestamente, no tendríamos que decir eso: «No es para ti». Y lo que es seguro es que no *queremos* decir eso.

Pero debemos hacerlo.

«No es para ti», demuestra la capacidad de respetar a alguien lo suficiente como para no hacerle perder el tiempo, tratarlo con condescendencia o insistir en que cambie sus creencias. Asimismo, demuestras respeto hacia aquellos a quienes pretendes ofrecer tus servicios si les dices: «Esto lo he hecho para ti. No para los demás, sino para *ti*».

Dos lados de la misma moneda.

Es la libertad de ignorar a los críticos que no entienden el chiste, el privilegio de pulir tu historia pensando en aquellos que más necesitan oírla... Ahí es donde encontrarás trabajo del que puedas sentirte orgulloso.

Porque lo que piensen aquellos a quienes no aspiras a ofrecer tus servicios no importa. Lo que importa es si has cambiado a la gente que confía en ti, a la gente que ha conectado contigo, a la gente a la que aspiras a ofrecer tus servicios.

Sabemos que todo libro que ocupa los primeros puestos de ventas en Amazon tiene alguna que otra crítica de una sola estrella. Crear trabajos que interesen *y* satisfagan a todo el mundo es imposible.

EL DILEMA DEL COMEDIANTE

Uno de los grandes cómicos de la actualidad tiene un bolo en Nueva York. Pero su agente no le presta atención.

El cómico se presenta en el local; está de buen humor. Presenta su mejor material. Se trabaja al público con ganas, pero no ríe nadie.

Nadie dice ni pío.

Un fracaso.

Terminado el espectáculo, se autoflagela.

Al final se entera de que el público era un grupo de turistas italianos y que no sabían inglés.

«Esto no es para ti.»

Es perfectamente posible que tu trabajo no sea tan bueno como tendría que ser. Pero también es posible que no hayas sido lo bastante claro al definir para quién es tu trabajo.

LA SENCILLA PROMESA DEL MARKETING

Te presento una plantilla, una promesa de marketing de tres frases que puedes utilizar:

Mi producto es para gente que cree _____.
Me centraré en gente que quiere _____.
Te prometo que comprometerte con lo que hago te ayudará a obtener _____.

¡Y eso que pensabas que lo único que harías aquí sería vender jabón!

CASO DE ESTUDIO: OPEN HEART PROJECT

Susan Piver era una respetada maestra de meditación. Había escrito un libro que entró en la lista de éxitos de ventas de *The New York Times*, y sus clases estaban muy concurridas. Susan, como muchos antes que ella, tenía un centro de práctica y un pequeño grupo de seguidores.

Pero se dio cuenta de que la gente de fuera de la ciudad que pasaba unos días de retiro espiritual con ella, siempre acababa preguntándole: «¿Cómo encontrar un maestro por nuestra zona con quien poder conectar y así continuar nuestra práctica?».

Para satisfacer esta necesidad, decidió crear un centro de meditación *online*, una comunidad, o *sangha*.

Unos años más tarde, esta *sangha* (Open Heart Project) contaba con más de veinte mil miembros. La mayoría obtiene actualizaciones periódicas y clases por video, sin pagar nada a cambio por ello. Pero algunos mantienen una conexión más profunda; pagan una cuota de suscripción y están en contacto con su maestra (y también entre ellos) a diario.

¿Cómo consiguió Susan estos veinte mil miembros? No de una vez. Sino poquito a poquito.

En pocos años, este pequeño proyecto se ha convertido en la comunidad de meditación más grande del mundo. Con un único «trabajador» a tiempo completo, conecta e inspira a miles de personas.

En Estados Unidos hay infinidad de maestros de meditación, todos los cuales tienen acceso a una computadora portátil tan conectada al mundo como pueda estarlo la de Susan. ¿Cómo ha conseguido, entonces, Open Heart Project tener tanto impacto?

1. Utilizando la empatía para ver una necesidad real. No una necesitad inventada, no un «¿cómo puedo poner en marcha un negocio?», sino «¿qué es lo que le interesa a esta gente?».

2. Centrándose en el mercado mínimo viable: «¿Cómo unas pocas personas pueden llegar a encontrar que esto es indispensable y, aun siendo pocas, hacer que la iniciativa valga la pena?».

3. Encajando con la visión del mundo de las personas a quienes se ofrece el servicio. Presentándose en el mundo con una historia que esas personas quieren oír y explicándola con un lenguaje que desean comprender.

4. Haciéndola fácil de difundir. Si cada miembro aporta un miembro más, en cuestión de pocos años habrás conseguido infinidad de miembros.

5. Capturando (y manteniendo) la atención y la confianza de aquellos a quienes se pretende ofrecer los servicios.

6. Ofreciendo formas de profundizar. En vez de buscar miembros a quienes ofrecer el trabajo que se realiza, buscar maneras de trabajar para los miembros.

7. Creando y aliviando tensiones en cada paso que la gente dé en el viaje hacia sus objetivos.

8. Haciendo acto de presencia a menudo. Y haciéndolo con humildad y concentrándose en aquello que funciona.

5. En busca de lo «mejor»

La página web Beer Advocate presenta una lista de las 250 cervezas que han obtenido más de 3.400 evaluaciones. Cada una de esas cervezas es la favorita de alguna persona. Es posible que en Estados Unidos haya miles de cervezas que sean las favoritas de alguna persona.

¿Cómo es posible? Porque el gusto de cada uno es importante. Todos los demás están equivocados.

Cuando un profesional del marketing llega y dice: «Esto es lo mejor», se equivoca.

Lo que en realidad quiere decir es: «Esto es lo mejor para alguien y también podría ser lo mejor para ti».

EL CORAZÓN DEL MARKETING ES LA EMPATÍA

La gente no cree aquello en lo que tú crees.

No sabe lo que tú sabes.

No quiere lo que tú quieres.

Es así, pero nos cuesta aceptarlo.

«Sonder» se define como el momento en que te das cuenta de que todo el mundo tiene una vida interior tan rica y tan conflictiva como la tuya.

Todo el mundo tiene la cabeza llena de ruido.

Todo el mundo piensa que tiene razón, y que ha sufrido afrentas y faltas de respeto por parte de los demás.

Todo el mundo se da miedo. Y todo el mundo se da cuenta de que también es afortunado.

Todo el mundo tiene el impulso de mejorar las cosas, de conectar con los demás y de contribuir.

Todo el mundo quiere algo que es prácticamente imposible tener. Y si pudiera tenerlo, descubriría que, en realidad, no lo quería para nada.

Todo el mundo se siente solo, inseguro, y se siente un poco como un impostor. Y a todo el mundo le preocupa y le importa alguna cosa.

Como profesionales del marketing, pues, tenemos pocas probabilidades de vender a los demás si insistimos en que se sumen a nuestro programa, en que se den cuenta de que hemos trabajado muy duro, en que vean lo fuerte que es el ruido que resuena en nuestra cabeza, en que comprendan lo importante que es nuestra causa...

Es mucho más productivo bailar con los demás.

UNA GANGA DE UN MILLÓN DE DÓLARES

Piensa en la situación apurada en la que se encuentra la persona que busca recaudar fondos para una organización sin ánimo de lucro. Imagínate que necesita conseguir un millón de dólares para la construcción de un nuevo edificio en un campus universitario. Cada vez que se reúne con una fundación o con un filántropo y le ponen alguna objeción, se dice para sus adentros: «Tienes razón, esa cantidad de dinero es una locura. Yo jamás donaría un millón de dólares a una organización benéfica. Ya tengo problemas suficientes con poder pagar el alquiler».

Y no consigue la donación.

Pero la empatía cambia esta dinámica. Porque la donación no es para la persona que la solicita, sino para el donante.

Es entonces el donante quien se dice: «Esta donación de un millón de dólares es una ganga. Si tomo esta decisión, conseguiré a cambio alegría, estatus y satisfacción, algo que vale más de dos millones de dólares». Lo cual es correcto. Las decisiones tienen que funcionar así.

Todo lo que compramos —inversión, cachivache, experiencia— es una ganga. Por eso lo compramos. Porque vale más que lo que pagamos por ello. De lo contrario, no lo compraríamos.

Lo que significa, volviendo a la desventurada persona que intenta recaudar fondos, que si no estás dispuesto a sentir empatía por el relato de aquel a quien pretendes ofrecer tus servicios, le estás robando.

Le estás robando porque estás negándole una opción valiosa. Estás impidiendo que alguien comprenda el gran beneficio que obtendría con lo que tú has creado..., que ese beneficio tan grande es una ganga.

Si esa persona entiende bien lo que le ofreces y decide no comprarlo, significa que no es para ella. O que, al menos, no es para ella en este momento, a este precio, con esta estructura.

Lo cual también es una posibilidad correcta.

REFLEXIONES SOBRE EL CONCEPTO DE «MEJOR»

Decidir que existe una relación transitiva, que A > B > C, resulta tentador. Esto funciona, por ejemplo, con la longitud. Una regla es más larga que un pulgar, y un pulgar es más largo que un grano de pimienta; por lo tanto, una regla es más larga que un grano de pimienta.

Pero las comparaciones lineales no tienen sentido cuando nos dedicamos a crear relatos y oportunidades para el ser humano.

Un bolso Hermès es más caro que un bolso Louis Vuitton, que es más caro que un bolso de Coach. Pero eso no significa que el bolso Hermès sea «mejor». Significa simplemente que es más caro, que no es más que una de las cosas que la gente podría tener en consideración.

Por mucho que el precio de un producto sea un método de medición sencillo, no es evidente que el producto más caro sea siempre el mejor.

¿Qué sucede, entonces, con categorías más subjetivas como «estilo», «moda» o «estatus»? De pronto, la comparación deja de ser lineal. Es difícil de medir. Y el concepto de «mejor» no queda en absoluto claro.

QUE SEA LO MEJOR NO DEPENDE DE TI

En Cleveland hay más de 250 modelos de moto en venta. ¿Podrías nombrarlos todos? Creo que no podría hacerlo nadie, ni siquiera un coleccionista de motos.

Y lo mismo sucede con la cátsup, los vendedores de seguros, las iglesias.

¿Cómo procesamos todo esto?, ¿cómo recordamos algo en concreto?, ¿cómo elegimos un producto?

Recordamos el mejor.

¿El mejor en qué sentido?

Esa es la pregunta clave. *El mejor para nosotros.*

Si consideramos que la sostenibilidad y el precio son factores importantes, nuestro cerebro tendrá un espacio para nuestra marca favorita, que será la mejor en cuanto a sostenibilidad y precio. Evidentemente.

Pero nuestro vecino, al que le importa mucho más su estatus en el seno de un grupo y el lujo, tiene en mente una marca muy distinta.

Lo cual no es de sorprender, puesto que somos humanos, no máquinas.

Tu trabajo como profesional del marketing consiste en encontrar un punto en el mapa que presente ventajas y que la gente (alguna gente) quiera encontrar. No una propuesta de venta egoísta y única, pensada para maximizar tu cuota de mercado, sino un faro que emita luz generosa, una bengala lanzada al cielo para que la gente que te ande buscando pueda localizarte con facilidad.

Somos esto, no aquello.

EL MARKETING DE LA COMIDA PARA PERROS

La comida para perros debe de ser cada vez mejor. Debe ser más nutritiva y, por supuesto, más apetecible.

Los norteamericanos se gastan más de veinticuatro mil millones de dólares anuales en comida para perros. Su precio medio se ha disparado e incluye ahora ingredientes *gourmet*, como boniato, ciervo y bisonte de cría ecológica.

Pero, con todo y con eso, jamás en mi vida he visto un perro comprando comida para perros.

¿Y tú?

Es posible que, en consonancia a su subida de precio, la comida para perros sea cada vez más deliciosa. Pero en realidad, no lo sabemos. No tenemos ni idea de si a los perros les gusta más esta comida, porque no somos perros.

Pero de lo que sí estamos seguros es de que a los *propietarios* de perros les gusta más.

Porque la comida para perros es para los propietarios de perros. Y tiene que ver con cómo les hace sentirse, por la satisfacción de ocuparse de un animal que responde con lealtad y afecto, por el estatus que proporciona comprar un producto de lujo y por la generosidad de compartirlo.

Hay propietarios de perros deseosos de gastar más por la comida para perros que compran. Los hay que quieren comida para perros sin gluten, atiborrada, en cambio, de placebos carísimos.

Pero no nos confundamos sobre el destinatario de tantas innovaciones. No son los perros.

Somos nosotros.

Un profesional que trabaje para una compañía de comida para perros podría llegar a la conclusión de que el secreto para aumentar las ventas está en elaborar comida que sepa mejor. Pero eso implicaría saber cómo piensan los perros, una empresa tremendamente complicada.

Pero resulta que la fórmula correcta consiste en elaborar comida para perros que los compradores de perros quieran comprar.

El objetivo de este ejemplo no pretender ser enseñarte a lanzar al mercado comida para perros. Sino comprender que casi siempre existe una desconexión entre prestaciones y atractivo. Que lo que el ingeniero elige como mejor combinación precio/prestaciones rara vez coincide con lo que elige el mercado.

En la cabeza tenemos dos voces: la voz del perro, que no dispone de muchas palabras pero que sabe lo que quiere; y la voz del propietario, que tiene matices y es contradictoria y compleja. Una voz que baraja innumerables datos y que se distrae con facilidad.

Igual que sucede con el propietario del perro, que elige sobre la base de un centenar de factores (entre los que no está el sabor de la comida para perros), la gente a la que deseas ofrecer tus servicios maneja un amplio abanico de factores y emociones, y no siempre se decanta por el que es más barato.

Elige tus extremos y estarás eligiendo tu mercado. Y viceversa.

LOS USUARIOS PIONEROS NO SE ADAPTAN: LES GUSTA LO NUEVO

Los usuarios pioneros son el punto de partida del viaje del profesional del marketing. Pero es importante saber que no son personas que se *adapten* a nada. Las personas que se adaptan trabajan para seguir adelante cuando se producen cambios. No les gusta, pero lo hacen.

Pero los usuarios pioneros son otra cosa. Son *neófilos*: adictos a la novedad. Les emociona descubrir, les gusta la tensión que produce pensar: «Esto podría no funcionar»; y disfrutan jactándose de sus descubrimientos. Los neófilos perdonan con facilidad los pasos en falso de aquellos que buscan innovar con ellos, y se muestran increíblemente despiadados cuando se desvanece la emoción inicial del descubrimiento.

Ese deseo implacable de lo mejor es precisamente la razón por la que siempre andan buscando lo nuevo. Bajo el punto de vista del usuario pionero, nunca podrás ser perfecto; a lo máximo que podrás aspirar es a resultar interesante.

En tu trabajo como profesional del marketing, te encontrarás a menudo dividido entre dos extremos. A veces, estarás ocupado creando trabajo interesante para gente que se aburre fácilmente. Y a veces, estarás intentando crear productos y servicios que duren, que puedan extenderse más allá del minúsculo grupo de neófilos y alcance y deleite al resto del mercado.

El profesional del marketing no puede hacer prácticamente nada que no vaya prologado con esta distinción. La pregunta mágica es siempre la siguiente: «¿Para quién es?».

¿En qué cree la gente a la que aspiras a ofrecer tus servicios? ¿Qué quiere?

UN APARTE PARA ESA GENTE QUE ES COMO UN REPTIL Y LO ECHA TODO A PERDER SECRETAMENTE

El profesor Roland Imhoff, de la Universidad Johannes Gutenberg, en Maguncia (Alemania), quiso entender qué es lo que lleva a la gente a elegir sus creencias.

En particular, estuvo estudiando un caso atípico muy especial: el teórico de la conspiración. Aun sabiendo que las teorías de la conspiración nunca se basan en hechos, ¿por qué resultan tan atractivas para determinada gente? ¿Y para qué gente?

En uno de los estudios que citaba, descubrió que mucha gente que cree que lady Diana sigue con vida, que fingió su propia muerte, cree *también* que fue asesinada. Y en un estudio similar, averiguó que la gente que cree que Osama bin Laden estaba muerto antes de que el comando de los Navy Seal llegaran al recinto donde vivía defienden también a menudo que sigue vivo.

El problema aquí no son los hechos; no pueden serlo. Lo que sucede es que estos teóricos se reconfortan adoptando una postura atípica y buscan un sentimiento, no una verdad lógica. Imhoff escribe: «La adherencia a una teoría de la conspiración no siempre es el resultado de una percepción de falta de control, sino de una necesidad arraigada de querer ser único».

En su estudio, Imhoff expuso el caso de los teóricos de la conspiración norteamericanos que inventaron «hechos» sobre una conspiración relacionada con detectores de humo en Alemania. Cuando explicó a este grupo que el 81 por ciento de la población alemana creía esa teoría de la conspiración, perdieron su interés y su entusiasmo con relación a cuando creían que solo el 19 por ciento de la población sustentaba la teoría.

Al ponerse del bando del perdedor o del desfavorecido, el teórico de la conspiración encuentra la emoción que anda buscando, la de sentirse único, la de ser el valiente que cuenta la verdad, el bicho raro.

Los integrantes de este grupo no se consideran chiflados. No es que cada uno de ellos tenga su propia teoría y esté solo en su defensa, sino que buscan formar parte de un *pequeño* grupo, un grupo minoritario, un grupo honesto en el que sus integrantes se consuelan mutuamente mientras el mundo exterior los ignora. Y encuentran este sentimiento cada vez que coinciden con otros observadores de reptiles.

No se sitúan muy lejos de la infinidad de microtribus a las que pertenecen muchos usuarios pioneros.

Tarde o temprano, todos acabamos convirtiéndonos (por un tiempo) en ese tipo de persona que cree que los reptiles controlan la tierra. Todos buscamos nuestro pequeño rincón de unicidad.

HUMILDAD Y CURIOSIDAD

El profesional del marketing siente curiosidad por los demás. Se pregunta por las luchas de los demás, por lo que les motiva. Le fascinan sus sueños y sus creencias.

Y tiene la humildad necesaria para aceptar la falta de tiempo y atención con la que se enfrenta a diario su público.

La gente nunca estará dispuesta a pagarte tu trabajo con su atención. El hecho de que hagas publicidad no te proporciona necesariamente atención, un bien que tiene un valor incalculable.

Pero lo que sí podemos esperar es que la gente *intercambie* voluntariamente con nosotros su atención. Que la intercambie por algo que necesita o quiere. Que la intercambie porque está sinceramente interesada en ese algo. Que la intercambie porque confía en que tú mantengas tu promesa.

No todo el mundo estará interesado. Pero si haces bien tu trabajo, conseguirás que se interese por ti el número de gente necesario.

Es lo que sucede con la llave y la cerradura. Jamás se te ocurriría ponerte a correr como un loco probando todas las cerraduras que encuentres para ver si encaja tu llave. Pero lo que sí harás será buscar a la gente adecuada (la cerradura) y, como que sientes curiosidad por sus sueños y sus deseos, crearás una llave justo para esa gente, una llave que esa gente te intercambiará voluntariamente por su atención.

Un socorrista nunca dedica mucho tiempo a dar instrucciones a la persona que está ahogándose. En cuanto apareces con un salvavidas, la persona que se está ahogando comprende lo que está en juego, no tienes que hacer ningún tipo de publicidad para que corra a agarrarse a él.

CASO DE ESTUDIO: *BE MORE CHILL*; MÁS DE UNA MANERA DE ALCANZAR EL ÉXITO

Dos años después de que prácticamente nadie acudiera a ver el estreno de este musical en Nueva Jersey, que no recibió precisamente buenas críticas, su banda sonora apareció de pronto en la lista de éxitos Top 10 de *Billboard*. Con más de cien millones de descargas después de que fuera registrada por primera vez, *Be More Chill* es el musical de éxito que no puede verse sobre ningún escenario (por el momento).

A excepción de *Hamilton*, es el musical más querido de su momento y ha generado fenómenos como *fanfiction*, videos ilustrados e infinidad de producciones teatrales en los institutos.

Y todo ello sin que el espectáculo llegara a debutar en Broadway. Sin el riesgo, las prisas y las reuniones que ello conlleva. Y, sobre todo, sin grandes críticas después de la noche del estreno. Charles Isherwood escribió en *The New York Times*: «Predecible en su trama [...], rancio [...], lleno de clichés [...]».

El tema es que ni Isherwood ni ninguno de los críticos más destacados le encontraron la gracia. El espectáculo estaba enfocado directamente a la nueva generación que ha acabado adoptándolo. Y hablando de él. Y compartiéndolo. Una fan italiana llamada Claudia Cacace, de Nápoles, dibujó parte de la animación del video, que casualmente vio el estadounidense Dove Calderwood, de Idaho Falls (Idaho), que decidió contratarla para que dibujara más. Y así se fue difundiendo.

Recientemente, se celebró en Nueva York una representación privada, junto con una sesión de encuentro y presentación (un encuentro y presentación que se prolongó durante varias horas), en la que se reunieron fans de todo el mundo para conocer a las creadoras. Un encuentro en el que también ellas aprovecharon para conocerse.

Así pues, no es de extrañar que el musical acabe reestrenándose. Y en Broadway, esta vez.

¿PARA QUÉ SIRVE UN COCHE?

Y más concretamente, ¿para qué sirve el primer coche de un adolescente?

No sirve únicamente para cubrir una necesidad de transporte. Al fin y al cabo, un adolescente de quince años no tiene grandes problemas de transporte. Y muchos adolescentes llegan a la universidad sin haber tenido un coche. Es un deseo, no una necesidad.

Pero pocas adquisiciones provocan más cambios que esta y, en este caso, observamos cambios distintos para gente distinta.

Para el adolescente, el coche supone el paso de niño dependiente a adulto independiente.

Es un cambio de estatus, de percepción y de poder. Es mucho más grande que las simples cuatro ruedas del coche.

Para el progenitor, el coche supone un cambio: del dominio sobre su hijo a ofrecerle libertad y responsabilidad. Lo cual desemboca en importantes discusiones sobre seguridad, sobre control y sobre estatus.

¿Qué dirán los vecinos? ¿Qué nos decimos a nosotros mismos sobre la seguridad? ¿Sobre la independencia, la oportunidad y sobre el exceso de mimos?

Todos estos cambios tienen que ver con la decisión de comprar el coche. Cuando el diseñador, el profesional del marketing y el vendedor comprenden estos cambios, ofrecen más valor, puesto que pueden elaborar el concepto teniendo en cuenta todos estos temas.

DEMASIADO DONDE ELEGIR

El marketing anticuado se construye en torno a la persona que paga la publicidad. Se hace *abordando* al cliente, no *para* el cliente. El marketing tradicional utiliza la presión, el artículo gancho, el gato por liebre y cualquier método coercitivo disponible para conseguir la venta, caer sobre el cliente, hacerse con su dinero y firmar el contrato.

Cuando al cliente no le queda otra alternativa que escucharte y comprometerse contigo, cuando hay solo tres canales de televisión, solo una tienda en la ciudad, solo un número escaso de alternativas, la carrera de fondo se convierte en una carrera que merece la pena ganar.

Pero el nuevo consumidor, totalmente empoderado, ha descubierto que lo que al profesional del marketing le parece un entorno caótico es para él un espacio de alternativas. El cliente actual es consciente de que tiene infinidad de lugares donde elegir, un desfile interminable de alternativas. Pero para el profesional del marketing, es como intentar vender arena en el desierto.

Un millón de libros publicados cada año.

Más de quinientos tipos distintos de cargadores de baterías en Amazon.

Más formadores, cursos y clubes de los que en su vida podrías plantearte contratar, matricularte o inscribirte.

Rodeado por este tsunami de alternativas, en su mayoría ofrecidas por tipos que son descaradamente egoístas, el consumidor ha tomado la decisión más sensata. Largarse.

POSICIONARSE COMO SERVICIO

En un mundo de alternativas, donde tenemos muy poco tiempo, muy poco espacio y demasiadas opciones, ¿qué es lo que acabamos eligiendo?

El camino más fácil para aquellos a quienes aspiramos a ofrecer nuestros servicios es desconectar y ni siquiera intentar resolver sus problemas. Si tienen la sensación de que una determinada alternativa va a salir mal, mejor no hacer nada. Si el mundo está lleno de quejas y bombo publicitario, la gente acaba no creyéndose nada.

Los profesionales del marketing pueden elegir defender *alguna cosa*. En vez de decir «Puedes elegir a cualquiera, y nosotros somos cualquiera», el profesional del marketing puede empezar con un público al que merezca la pena ofrecer sus servicios, puede empezar con las necesidades, deseos y sueños de este público, y, a partir de ahí, construir alguna cosa para ese público.

Lo cual implica tomar posturas extremas.

Encontrar una ventaja.

Defender alguna cosa, no todo.

El método: dibujar un sencillo gráfico con un eje X e Y.

En el gráfico se plasmarán todas las alternativas disponibles. (A esas alternativas no las llamo todavía competidores, ya verás por qué.) Todas las papas fritas disponibles en un supermercado. Todos los tipos de remedios para el dolor de espalda. Todas las instituciones espirituales de una pequeña ciudad.

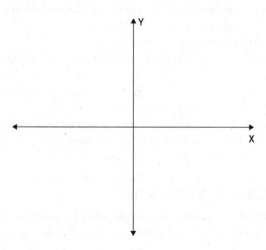

En el gráfico se representan dos ejes. Uno dispuesto en horizontal (X) y otro en vertical (Y).

Elige para cada uno de los ejes alguna cosa que sea importante para la gente: conveniencia, precio, saludable, prestaciones, popularidad, nivel de competencia o eficacia.

Por ejemplo, imagínate que en tu ciudad hay seis maneras de conseguir diamantes. En un eje tendremos la rapidez, y en el otro la seguridad. Resulta que tanto un camión blindado como el correo postal pueden proporcionarte un sobrecito con diamantes, pero uno te tardará mucho en llegar mientras que con el otro método puedes tenerlo en una tarde.

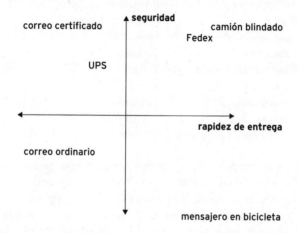

Si la seguridad no te importa, un mensajero en bicicleta es un método incluso más rápido. Y si no te importan ni la rapidez ni la seguridad, tendrás suficiente con un sello de correos.

La magia del posicionamiento de extremos XY es que deja claro que todas las opciones podrían ser adecuadas, dependiendo de lo que busques. ¿Te das cuenta de que el gráfico podría ser completamente distinto si en los ejes pusiéramos conveniencia, costo, impacto medioambiental o escalabilidad?

El mismo enfoque podría aplicarse a las papas fritas (caras, de proximidad, horneadas, con sabores, extragruesas, baratas, etc.) o a Walmart, Zales y Tiffany (precio, conveniencia, estatus, escasez). O a un crucero y un jet privado. O tal vez a un Ford, un Tesla y un McLaren. Aquí, no nos interesamos tanto por las características como por las emociones que dichas características evocan.

Veamos algunos ejes que podemos utilizar. Aunque, como tú conoces tu espacio mucho mejor que yo, seguro que podrás incorporar algunos más.

Rapidez	Inminencia
Precio	Visibilidad
Prestaciones	Tendencia
Ingredientes	Privacidad
Pureza	Profesionalismo
Sostenibilidad	Dificultad
Obviedad	Elitismo
Costo de mantenimiento	Peligro
Seguridad	Experimental
Innovación	Limitado
Distribución	Incompleto
Efecto red de contactos	

Una vez hayas elegido un atributo con dos extremos para el eje X, elige otro atributo y utilízalo para el eje Y. A continuación, sitúa en el gráfico las distintas alternativas que tendría el cliente.

De este modo habrás construido un mapa que te mostrará la distribución de las distintas alternativas. Un mapa que cualquier ser humano ocupado puede utilizar para encontrar la solución a su problema.

Hay papas fritas que se publicitan como sanas y de cultivo ecológico.

Otras, como tradicionales y deliciosas. Otras, como baratas y de consumo de masas.

Los profesionales del marketing llevan toda la vida haciendo esto. Cuando David Ogilvy y Rosser Reeves (y probablemente Don Draper) hacían anuncios en los años cincuenta, encontraban un vacío en el mercado e inventaban reclamos y características para llenar ese vacío. Así es como encontramos un jabón para aquellos que quieren pureza, mientras que otro es para los que no quieren tener la piel seca. Daba igual si los jabones eran los mismos, puesto que estaban «posicionándose». Y, luego, los pioneros del marketing Jack

Trout y Al Ries llevaron esto aún más lejos, desafiando a los profesionales del marketing a posicionar a la competencia en un rincón para poder mantener el puesto que tú ocupas.

Todo esto está muy bien, pero es insostenible en el tiempo, sobre todo en un mundo hipercompetitivo como el actual. Por lo tanto, deberíamos pensar en nuestro posicionamiento en términos de:

- Reclamos que sean verdad, que reforcemos continuamente con todos nuestros actos.
- Reclamos que sean generosos, que existan como un servicio al cliente.

El profesor de música de uno de los colegios de la ciudad, por ejemplo, no puede empezar su presentación diciendo simplemente «soy de la ciudad», porque, como todos sabemos, hay otros profesores que también son de la ciudad. Por otro lado, decir «soy bueno impartiendo clases» o «no soy de los que gritan a los alumnos» supone mencionar atributos de los que no merece la pena hablar.

Por otro lado, si el profesor decide presentarse colocando en un eje «soy una persona seria, mis alumnos son personas serias y me caracteriza el rigor», y colocando en el otro «mis alumnos ganan concursos», tendremos de pronto un profesor al que merece la pena acercarse, un profesor por el que merece la pena pagar algo más.

¿Es este el profesor que me habría gustado tener de pequeño? Rotundamente, no. No es para mí. Pero, para el padre que considera que la sala de ensayos es un lugar que ayuda a formar el carácter, y para el alumno que ve la música como una competición, eso es justo lo que andan buscando.

Pero este profesor tiene que cumplir con el trabajo que es su vocación. Tiene que ser más riguroso y profesional que otros profesores. Tiene que tomar la difícil decisión de rechazar al alumno que no se lo toma suficientemente en serio. Y tiene que perseverar con su alumnado para que ganen concursos.

A escasa distancia de donde este profesor imparte sus clases, podemos encontrar otro que ocupe un punto completamente distinto en el mapa. Un profesor que trabaje con el alumno de forma integral, que se centre en la experiencia global, no en las notas. Que se niegue a participar en concursos y construya sus clases sobre la base de la conexión y la generosidad.

Ambos profesores tratan de forma distinta a alumnos distintos. No compiten entre ellos; simplemente no hablan el mismo idioma.

ELIGE TUS EJES, ELIGE TU FUTURO

Cuando estudias la lista de atributos disponibles, resulta tentador elegir aquellos que preocupan a la mayoría. Al fin y al cabo, reivindicar un espacio es complicado, y elegir aquel que preocupa a poca gente parece una locura. Mejor, nos decimos, decantarnos por lo más popular.

Si haces esto, estarás, evidentemente, eligiendo un cuadrante atiborrado de gente. Y, sin la magia de la publicidad, crecer en un cuadrante atiborrado de gente es muy difícil. Como que tu cliente potencial no sabe qué hacer, acaba no haciendo nada.

La alternativa es construirte tu propio cuadrante. Encontrar dos ejes que hasta el momento hayan sido pasados por alto. Construir un relato, un relato verídico, que sea fiel a tu promesa, que te coloque en una posición donde seas la elección clara y evidente.

Todos los demás, las marcas normales y corrientes o las marcas que se esfuerzan mucho, las que han decidido elegir los ejes normales y corrientes o más populares, están apiñadas entre sí. Son Oldsmobile, Plymouth, Chevrolet y el resto de las marcas del lumpenproletariado.

Tú, por otro lado, has decidido adentrarte en un limbo, un limbo que te pertenece y en el que quizá, solo quizá, hay clientes cuyas necesidades están desatendidas y que se mueren de ganas de encontrarte, de conectar contigo y difundir tus ideas.

MUCHÍSIMAS OPCIONES

Software, perfumes, seguros, candidatos, autores, dispositivos, formadores, organizaciones benéficas, grandes almacenes..., hay una marca por donde quiera que mires. Si pudieras elegir solo una marca que colocar al lado de cada una de las emociones siguientes, una marca que elegirías para que te ayudase a sentir de una determinada manera, ¿qué marca elegirías?

Seguro	Poderoso
Guapo	Respetable
Responsable	Conectado
Inteligente	A la última

Si los profesionales del marketing han hecho un buen trabajo, te lo habrán puesto fácil a la hora de decidir.

LA GENTE TE ESTÁ ESPERANDO

Lo que sucede es que aún no lo sabe.

Están esperando la novedad que vas a presentar, esa novedad que son capaces de imaginarse, pero que no esperan.

Están esperando la conexión que les ofrecerás. La capacidad de ver y ser visto.

Y están esperando la tensión de lo posible, la capacidad de mejorar las cosas.

TU LIBERTAD

Tienes la libertad de cambiar tu historia. De vivir una historia diferente, una historia construida en torno a aquellos a quienes aspiras a ofrecer tus servicios.

Tienes la libertad de cambiar tu manera de pasar el día. Puedes subcontratar las tareas y encontrar las agallas necesarias para llevar a cabo el trabajo emocional. Puedes adentrarte en un limbo y hacer lo que otros no están haciendo.

Los profesionales del marketing más frustrados que conozco son aquellos que dan por sentado que por el simple hecho de estar trabajando en un determinado sector, carecen de libertad.

Y así es como los agentes inmobiliarios venden a través de anuncios clasificados y hacen exactamente lo que los demás agentes inmobiliarios hacen.

Y como los profesionales del marketing del sector farmacéutico producen anuncios genéricos y actúan al límite de las reglas para influir a los médicos, en vez de pararse a pensar en la gran cantidad de alternativas que tienen.

Y entonces llegamos al carrusel de Facebook, que nos anima a publicar, a contar nuestros seguidores y a crear cada vez más contenido con la esperanza de que alguien se percate de nuestra presencia. Hay muchas otras maneras de tener impacto y ganarse la confianza del público.

Gran parte de lo que hoy en día damos por hecho en nuestra caja de herramientas de marketing, estaba considerado como una innovación arriesgada hace apenas unas generaciones. Descartar los residuos de lo que hemos ido construyendo y sustituirlos por herramientas más generosas es un ejercicio que vale la pena.

LA LIBERTAD DE LO MEJOR

Seguir contratando los servicios del repartidor de hielo dejó de tener sentido cuando se popularizó la nevera. No merecía la pena seguir pagándolo.

Cuando despegaron los supermercados, el trabajo del lechero se volvió injustificable.

Ahora, podemos aprovechar los gigantescos cambios que se han producido en cuanto a lo que cuesta hacer las cosas que antes hacíamos (ahora todo está al alcance de la mano, ¿no es eso?) y utilizar esta ventaja para redefinir el concepto de «mejor».

Porque lo que nuestro mercado está esperando es lo mejor.

Piensa en el agente inmobiliario. Antiguamente, era quien acumulaba la información sobre las propiedades inmobiliarias. Si no contratabas un agente, era imposible tener información sobre lo que andabas buscando. Hoy en día, en un mundo donde un portal inmobiliario como Zillow tiene más de 110 millones de propiedades publicitadas, la persona que busca casa tiene acceso a tanta información como la que pueda tener el agente inmobiliario.

Si el objetivo es defender el *statu quo*, convertirse en un cuello de botella, el esprint para intentar mantenerse en la delantera en un mundo donde el flujo de tecnología e información está cada vez más acelerado, resultará agotador.

¿Cómo sería ese «mejor»? *¿No para ti, sino para el cliente?*

Este cambio se aplica a la mayoría de nosotros. En la actualidad, gran parte del trabajo puede realizarse *online*, está automatizado, es fiable. En 1994, por ejemplo, yo necesitaba un equipo de ocho ingenieros y un presupuesto de millones de dólares para enviar mensajes de correo electrónico a un millón de personas. Hoy en día, cualquiera puede hacerlo por nueve dólares al mes a través de Feedblitz.

Hace una década, se necesitaba un equipo de editores, impresores y vendedores para que un libro saliera al mercado en todo el país. En la actualidad, una persona inteligente que disponga de un archivo en formato digital puede publicar un libro en Kindle.

El «hacer» es cada vez más fácil, razón por la cual deberíamos subcontratar esa parte de nuestro trabajo y concentrar toda la energía en la dura tarea de hacer posible el cambio.

UNAS ÚLTIMAS PALABRAS SOBRE EL CONCEPTO DE «SONDER»

Mis puntos de vista, mis sueños y mis miedos no son falsos; no finjo. Y tampoco lo son los tuyos; no finges.

En el mundo de la política, existe la tradición de creer que los que están en «el otro bando» no creen lo que dicen. Que lo de Barry Goldwater y Jane Fonda era pura actuación. Que los ateos, en el fondo, creen en Dios, y que lo que pretenden los evangelistas es plantear una idea, no expresar sus creencias.

Lo mismo se aplicaría para los usuarios de Mac con respecto a aquellos que se decantan por la línea de comandos de Linux, o para los genios de las matemáticas con respecto a los que insisten en que son incapaces de trabajar con números.

Damos por sentado que nadie puede creerse incapaz de trabajar con números. O que nadie puede apoyar una política que nos parece una locura. O que nadie puede comer voluntariamente una determinada comida que a nosotros nos parece repugnante.

Y cuando damos eso por sentado, no fingimos. Lo decimos en serio. Tus clientes no fingen. Y los que prefieren a la competencia, tampoco fingen.

Si somos capaces de aceptar que la gente tiene asimilado aquello en que se ha convertido, nos será mucho más fácil bailar con ella. No transformarla, no forzarla a reconocer que se ha equivocado. Bailar con ella, simplemente, tener una oportunidad de conectar con ella, de incorporar nuestra historia a sus puntos de vista e incorporar nuestras creencias a los relatos que suele escuchar.

6. Más allá del producto básico

EL PROBLEMA ANTE TODO

Los profesionales del marketing más efectivos no empiezan con una solución, con aquello que los hace más inteligentes que todos los demás. Empiezan con un grupo al que aspiran ofrecer sus servicios, con un problema que quieren resolver, y con un cambio que pretenden llevar a cabo.

En el mercado existe un vacío donde tu versión de lo mejor puede producir un cambio que será muy bienvenido. Pero no me refiero a un cambio táctico. No se trata de un agujero de 0,5 milímetros, ni siquiera de una broca de 0,5 milímetros. No, podemos cambiar a las personas a nivel emocional.

Nuestra vocación es marcar la diferencia. Una oportunidad de que las cosas sean mejores para aquellos a quienes pretendemos ofrecer nuestros servicios.

Sí, tienes una vocación: servir a la gente, en el sentido de satisfacer sus necesidades (o sus deseos). Tenemos ante nosotros la oportunidad de elegir un camino y seguirlo, pero no pensando en nuestro propio beneficio, sino en lo que ese camino puede significar para los demás.

¿FUNCIONA?

En 1906, se fundó la entidad precursora de la Food and Drug Administration (Administración de Alimentos y Medicamentos, de Estados Unidos), con el fin de combatir productos peligrosos. El malestar del público ante productos como Berry's Freckle Ointment, un ungüento que supuestamente eliminaba las pecas, pero que acababa provocando enfermedades, o LashLure, un tinte para las pestañas que provocó más de una docena de tipologías distintas de ceguera, impulsó al gobierno a actuar.

Cincuenta años más tarde, la calidad de los productos seguía siendo imprevisible. Nadie sabía cuándo un coche podía dejarte en la estacada.

Hoy en día, lo damos todo por hecho. FedEx entrega más del 99 por ciento de su paquetería a tiempo. Los coches no suelen romperse sin previo aviso. El maquillaje no causa ceguera. El navegador web rara vez deja de funcionar, la electricidad no se corta prácticamente nunca, y viajar en avión nunca había sido tan seguro.

Pero, con todo y con eso, seguimos hablando sobre la excelencia en nuestro trabajo, como si eso fuera una excepción estrafalaria.

Hay mucha gente buena haciendo lo mismo que tú haces. Gente muy buena... Tal vez tan buena como tú.

El trabajo que haces y las habilidades que posees merecen completa credibilidad. Pero con eso no basta.

Calidad: la calidad en cuanto a cumplir con las especificaciones es necesaria, aunque ha dejado de ser suficiente.

Si todavía no eres capaz de trabajar con la máxima calidad, este libro no te será de gran ayuda. Pero, si eres capaz, estupendo, felicidades. Y ahora, dejemos esto de lado por un momento y recordemos que prácticamente todo el mundo puede hacerlo también.

EL FASTIDIO DEL PRODUCTO BÁSICO

Si haces algo que los demás hacen, si haces algo que podemos encontrar en Upwork, en Amazon o en Alibaba, lo tienes mal.

Lo tienes mal porque sabes que si subes el precio lo suficiente como para obtener una rentabilidad decente por el esfuerzo que estás dedicándole a tu trabajo, el cliente puede ir a cualquier parte y comprarlo más barato.

Cuando el precio está a solo un clic de distancia de nosotros, no nos da ningún miedo hacer clic.

Vender helados en la playa en verano es fácil. Elevar las expectativas del público, comprometerse con sus esperanzas y sus sueños, ayudarlo a ver más allá..., ese es el trabajo complicado que nos hemos propuesto hacer.

A partir de ahora, tus clientes conocen tu competencia mejor que tú. Y, por lo tanto, el esfuerzo que pongas para que tu producto básico funcione, nunca será suficiente.

«PUEDES ELEGIR A CUALQUIERA, Y NOSOTROS SOMOS CUALQUIERA»

Imagínate un puesto de limpiabotas en la ciudad.

Una estrategia para montar este tipo de establecimiento sería encontrar el mejor local que puedas permitirte pagar, y ofrecerte a lustrar los zapatos a todo aquel que necesite este servicio.

Pero esta estrategia presenta problemas.

En primer lugar, si todo el mundo es capaz de lustrar zapatos tal y como tú lustras zapatos, no tardará en aparecer un competidor en la misma calle que se llevará la mitad de tu negocio, o incluso más, si ofrece sus servicios a precios más bajos.

En segundo lugar, y más importante, nadie necesita que le lustren los zapatos. Es un deseo, no una necesidad.

¿Por qué tomarse esa molestia?

Tal vez el cliente quiere tener mejor aspecto, que sus zapatos brillen como brillaban los de su padre o como los de Michael Jackson. Los zapatos lustrados le hacen sentirse bien. Más confiado. Con más probabilidades de contribuir y sentirse empoderado.

Tal vez al cliente le gusta el estatus de tener a alguien a sus pies. Una vez por semana, puede sentarse en un trono y tener delante de él a un artesano bien vestido y respetuoso que pone todo su empeño en mejorar la apariencia de su cliente.

Tal vez sea un significante. Algo que el cliente pasaría por alto de no ser que se trata de algo que la gente como él se supone tiene que hacer. Y no en cualquier limpiabotas. Sino en *este* limpiabotas, en este lugar público, con este artesano respetado.

El artesano que decide marcar la diferencia tiene a su disposición todos estos matices, relatos y transformaciones.

Pero no basta con saber que este es el relato que el cliente se repite para sus adentros. Hay que actuar en consecuencia, abrir la puerta a las posibilidades y organizar toda la experiencia en torno a ese relato.

Este es el trabajo que ayuda a la gente a entender que eres especial, y este es el trabajo que sirve para mejorar las cosas.

CUANDO SABES QUÉ REPRESENTAS, NO NECESITAS COMPETIR

Bernadette Jiwa ha escrito media docena de libros extraordinarios que humanizan el marketing, un arte a menudo muy industrializado.

En *Story driven*, deja claro que si nos limitamos a intentar cubrir un vacío del mercado, estamos condenados a un ciclo de conducta que nos llevará a estar siempre mirando por el retrovisor. No seremos más que un producto de consumo en desarrollo, vigilando constantemente los movimientos de los competidores. No nos quedará otro remedio que dejarnos llevar por la escasez, concentrarnos en conservar o, como mucho, incrementar levemente nuestra cuota de mercado.

La alternativa consiste en encontrar, construir y ganarte un relato, el arco del cambio que quieres producir. Se trata de una postura generativa, basada en la posibilidad, no en la escasez.

Y ahora que ya has elegido tu público, ¿dónde quieres llevarlo?

Bernadette enumera diez cosas que consiguen los buenos relatos. Si el relato que estás contándote (y estás contando a los demás) no consigue estas cosas, tendrás que esforzarte en encontrar un relato mejor, un relato más sincero y efectivo. Los buenos relatos:

1. Nos conectan con el objetivo y la visión que tenemos de nuestra carrera profesional o nuestro negocio.

2. Nos permiten celebrar nuestros puntos fuertes porque nos recuerdan cómo hemos llegado hasta aquí.

3. Profundizan nuestra comprensión de ese valor único que ofrecemos y que nos diferencia en el mercado.

4. Refuerzan nuestros valores básicos.

5. Nos ayudan a actuar en línea con nuestros principios y a tomar decisiones basadas en valores.

6. Nos animan a responder a los clientes en vez de reaccionar al mercado.

7. Atraen a clientes que quieren apoyar negocios que reflejen o representen sus valores.

8. Construyen fidelidad a la marca y dan a los clientes una historia que contar.

9. Atraen empleados con mentalidad similar a la nuestra.

10. Nos ayudan a mantenernos motivados y a seguir haciendo un trabajo del que podamos sentirnos orgullosos.

PERO TU RELATO ES UN GANCHO

Y tú estás enganchado a él.

En cuanto proclames un relato, en cuanto te comprometas con tu deseo de ayudar a cambiar a la gente, a acompañarla en un viaje de aquí hasta allí, estarás enganchado.

Enganchado a cumplir con tu promesa.

Enganchado a lo que suceda a continuación.

¿Te extraña, pues, que tantos prefieran hacer cosas comunes y corrientes para gente común y corriente? Si te limitas a ofrecer una alternativa, será un viaje poco arriesgado. O lo tomas o lo dejas.

Pero, por otro lado, el gran marketing es el trabajo generoso y audaz de decir: «Veo una alternativa mejor; ven y acompáñame».

CASO DE ESTUDIO:
STACK OVERFLOW ES MEJOR

Si eres programador, habrás visitado Stack Overflow. Se trata de una compañía rentable con más de 250 empleados que recibe millones de visitas semanales. Si tienes alguna pregunta, es más que probable que encuentres su respuesta en alguno de sus foros.

Stack Overflow ahorra tiempo y esfuerzo a los programadores, y es también un proyecto apasionante para los miles de voluntarios que contribuyen aportando contenidos.

¿Cómo se lo hizo su fundador, Joel Spolsky, para hacer realidad ese «mejor»?

A principios de la década de 2000, existía un foro de programación que llevaba por nombre Experts Exchange. Era un modelo sencillo y evidente. El foro albergaba respuestas a las preguntas de programación más frecuentes, y tenías que pagar para acceder a él. El costo de suscripción era de trescientos dólares anuales.

Para construir el negocio, se partió de la escasez. Las preguntas podían leerse gratuitamente, pero las respuestas costaban dinero.

Para obtener tráfico, engañaron a los robots de Google primitivos que rastreaban la web, mostrándoles las respuestas (lo cual les permitió conseguir una cantidad importante de tráfico a partir de los motores de búsqueda), pero, cuando la gente entraba en la página, encriptaban la información y escondían las respuestas hasta que los usuarios se suscribían.

Experts Exchange generaba beneficios a través de la frustración.

Joel trabajó con su cofundador, el programador Jeff Atwood, para buscar una estrategia distinta: hacer las preguntas visibles, hacer las respuestas visibles, y pagarlo todo mediante anuncios de puestos de trabajo. Al fin y al cabo, ¿qué mejor lugar para encontrar grandes programadores que una página web donde los grandes programadores formulaban preguntas y daban respuestas?

En el proceso, Joel descubrió que crear un producto mejor significaba tratar a la gente de otra manera, crear relatos para cada parte que encajara con su visión del mundo y sus necesidades.

Para los programadores que andaban con prisas, les facilitó el proceso para que encontraran la pregunta que buscaban y la mejor respuesta. Las respuestas están clasificadas según su calidad, de este modo los programadores no pierden tiempo.

Vio que, por cada persona que respondía una pregunta, mil personas querían una respuesta. Y en vez de intentar frustrar a los que preguntaban, dejó de complicarles la vida y les dio lo que necesitaban.

Y trató a los que respondían a las preguntas de otra manera. Pensando en ellos, construyó una comunidad con un sistema de clasificación, una serie de niveles que les permitiera crearse una reputación y ser recompensados con poder en el seno de esa comunidad.

Y para los que publicaban anuncios de puestos de trabajo, la perspectiva era también otra. Esa gente quería un método rápido, eficiente y de autoservicio que les permitiera encontrar a los mejores profesionales. Sin venta agresiva, sin distracciones.

Joel no quería poner su sello personal creando una página web personal. Sino que se planteó ser útil, mejorar la eficiencia, contar a la gente la historia que quería y necesitaba oír.

Construyó una solución mejor y permitió que su público no solo hiciera correr la voz, sino que hiciera lo que alguien desde fuera podría considerar trabajar para él.

SER MEJOR DEPENDE DE LOS USUARIOS, NO DE TI

Google es mejor.

Mejor que Bing y mejor que Yahoo!

¿Mejor en qué sentido?

Los resultados de búsqueda no eran claramente mejores.

La búsqueda en sí no era dramáticamente más rápida.

Lo que era mejor era que el cuadro de búsqueda no te hacía sentir como un tonto.

Yahoo! tenía 183 enlaces en su página de inicio. Google tenía dos.

Proyectaba confianza y claridad. No podía estropearse.

De modo que era mejor..., para algunos.

Ahora, DuckDuckGo es mejor. Porque no forma parte de ninguna gran compañía. Porque no realiza un seguimiento de tus movimientos. Porque es diferente.

De modo que es mejor..., para algunos.

«Y SERVIMOS CAFÉ»

Hasta que un incendio clausuró temporalmente el establecimiento (de hecho, fueron los rociadores antiincendios no la cafetera, lo que lo echó todo a perder), Trident Booksellers and Café, de Boston, era una de las librerías más apasionante y de más éxito de Estados Unidos.

Por muy barato que venda Amazon, y por muy gigantesco que sea, Trident funcionaba bien. Porque hacen algo que Amazon nunca podrá hacer. *Sirven café.*

Considero que el eslogan «... y servimos café», no está nada mal para aquel que gestiona una tienda física que compite con las tiendas electrónicas.

Y es así porque el café remata la oferta.

El café crea un tercer espacio: un lugar donde reunirse, donde relacionarse, donde soñar.

Y, en consecuencia, Trident es de hecho una cafetería donde, además, venden libros.

Los libros que compramos allí son un recuerdo de las relaciones personales que hemos hecho entre tanto.

EL HÉROE AUTÉNTICO Y VULNERABLE

Ya conoces el arquetipo: la mujer que se entrega por completo, con su verdad interior, que está preparada para resistir las armas arrojadizas de un mundo que no la comprende, hasta que lo hace, y entonces todos lo celebran.

Se trata de un mito.

De un mito peligroso.

Hay pocas excepciones que confirman la regla, pero, en general, lo que es cierto es que necesitamos a gente dispuesta a ofrecer sus servicios.

Servicios para que el cambio que aspiran a realizar se haga realidad.

Dispuestas a contar una historia que tenga sentido para el grupo al que aspiran a servir.

Pero podría haber una superposición. Es posible que en este momento te sientas así, y luego no. La versión de ti que ofreces puede tener varias capas de profundidad, pero es difícil que toda tu persona sea así, en todo momento.

Por otro lado, un profesional desempeña un papel, hace su trabajo lo mejor posible, independientemente del día, el paciente o el cliente.

Cuando James Brown caía de rodillas en el escenario, exhausto, y necesitaba que sus colaboradores le ayudaran a recuperarse, era una creación escénica brillante, no un suceso auténtico. Al fin y al cabo, la escena se repetía cada noche.

Cuando un psicólogo se pasa el día entero cambiando la vida de la gente, escuchándola con paciencia, puede ser que sea una persona paciente, pero lo más probable es que simplemente esté haciendo su trabajo.

Cuando el camarero de Starbucks te sonríe y te desea que pases un buen día, está representando, no revelando sus emociones.

Lo cual es correcto, puesto que revelar las emociones no es lo mejor. Revelar las emociones es algo que se reserva para la familia y los amigos íntimos, no para el mercado.

Protégete. Mañana te necesitarán.

SERVICIO

Las acciones de marketing (una elección de palabra interesante, «acciones») son actos generosos de gente preocupada por los demás. Tanto James Brown como el psiquiatra entendían que la autenticidad del mercado es un mito, que lo que la gente quiere es ser entendida y servida, y no convertirse en un simple testigo de lo que a ti te apetezca hacer en un momento dado.

Y cuando desarrollamos la mejor versión de nuestro mejor trabajo, nuestra responsabilidad no es desarrollarla para nosotros, sino para la persona a la que aspiramos ofrecer nuestros servicios. Reservamos nuestra mejor versión del trabajo para esas personas, no para nosotros. Del mismo modo que un chef con tres estrellas Michelin no cocinará para sí mismo una cena de doce platos, no se espera de ti que nos expliques todas y cada una de tus inseguridades, tus miedos y tus necesidades más urgentes.

Estás aquí para servir a los demás.

AUTENTICIDAD VERSUS TRABAJO EMOCIONAL

El trabajo emocional es el trabajo de hacer lo que no nos apetece hacer. Es presentarse con una sonrisa cuando por dentro ponemos mala cara, o resistirse a la tentación de echarle la bronca a alguien porque sabes que confraternizar con esa persona marcará una gran diferencia.

Ser auténtico requiere una pequeña cantidad de energía y agallas. Para exponer tus sentimientos, necesitas confiar en ti mismo y saber que, si eres rechazado, es algo personal.

Pero en todo esto también hay mucho de esconderse, de escabullirse del importante trabajo de hacer realidad el cambio. Si te limitas a seguir tu musa (tu musa imaginada), acabarás descubriendo que la musa es un error y que está desviándote del trabajo importante. Y si tu auténtico yo es un tipo egoísta, mejor que lo dejes en casa.

Si para hacer tu mejor trabajo necesitas ser auténtico, es que no eres un profesional, sino un aficionado con suerte. Con suerte porque te han contratado para hacer una actuación donde ser la persona que crees que tienes que ser en este momento te ayuda a seguir avanzando.

Pero, para el resto de los mortales, supone la oportunidad de ser un profesional, de ejercer un trabajo emocional en busca de la empatía, la empatía de imaginarse lo que otros pueden desear, lo que otros pueden creer, qué relato tiene sentido para ellos.

Y este trabajo no lo hacemos porque lo sintamos en este momento. Hacemos este trabajo, este agotador trabajo emocional, porque somos profesionales, y porque queremos hacer realidad el cambio.

El trabajo emocional es el trabajo que hacemos para ofrecer nuestros servicios a los demás.

¿QUIÉN HABLA?

Cuando recibes un mensaje de correo electrónico remitido por una compañía a la que no puedes ponerle una cara y el remitente te habla en segunda persona, alguien se está escondiendo. Es profesional, pero no es real. No sentimos ningún tipo de conexión, simplemente intuimos la sombra de un burócrata.

Por otro lado, cuando un ser humano recurre al trabajo emocional para asumir responsabilidades —«Ten, he hecho esto»—, está abriendo la puerta a la conexión y al crecimiento.

Las compañías más efectivas no siempre tienen un líder famoso o una firma detrás de todos sus mensajes de correo electrónico. Pero se comportan como si lo tuvieran.

«Ten, he hecho esto.»

El objetivo no es personalizar el trabajo. Sino hacerlo personal.

7. El lienzo de sueños y deseos

Todo lo que te han contado en la universidad y en el trabajo sobre en qué consiste hacer un buen trabajo está relacionado con cumplir las expectativas, entregar lo que se te ha encomendado, sacar un sobresaliente, hacer concretamente lo que se te ha solicitado para ese objetivo sectorial concreto.

«¿A qué te dedicas?», es una pregunta relacionada con una tarea que exige una respuesta mensurable, comprable.

Lee con atención la siguiente descripción de un puesto de trabajo publicada por el gobierno de Estados Unidos:

Operador de máquina de coser; grado: 6

Puesta en marcha y gestión de diversas máquinas de coser eléctricas de tipo doméstico e industrial y de otras máquinas relacionadas con funciones específicas, como confección de ojales, hilvanado y cadeneta...

Tomar decisiones y medidas dentro del marco de las instrucciones orales o escritas y los métodos, las técnicas y los procedimientos aceptados. Gestionar continuamente objetos de

hasta 5 kilos de peso y ocasionalmente objetos de hasta 9 kilos.
El trabajo se realizará en zonas con luz y temperatura adecuadas
y que estén correctamente ventiladas. Exposición a posibles
cortes y golpes.

Por mucho que sea la descripción de un *puesto de trabajo*, no es
en absoluto la descripción de un sueño o de un deseo. Y por mucho
que sea concreta, podría cambiarse fácilmente sin alterar lo que
ofrece.

El dinero también funciona así. Los billetes de veinte dólares no
tienen ningún significado. Lo que lo tiene es aquello que podemos
comprar con ellos.

Lo mismo aplica a tu producto o servicio. Puedes estar ofreciendo
cualquier artilugio y no creer en él. Cuando hacemos marketing para
el cambio, estamos ofreciendo un nuevo estado emocional, un paso
que acerca a los clientes a sus sueños y a sus deseos, no un artilugio.

Lo que nosotros vendemos son sentimientos, estatus y conexión. No vendemos ni tareas ni trastos.

¿QUÉ QUIERE LA GENTE?

Si formulas esta pregunta, lo más probable es que no consigas averiguar qué busca la gente. Y lo que es seguro es que a partir de esa
pregunta no conseguirás el producto o servicio de tu vida. Nuestro
trabajo consiste en observar a la gente, descifrar en qué sueña y, luego, crear una transacción que sea capaz de ofrecer ese sentimiento.

La gente, como colectivo, no inventó el Ford T, ni el teléfono
inteligente ni el rap. La gente, como colectivo, no inventó JetBlue
ni City Bakery ni Charity: Water.

La microfinanciación colectiva, o micromecenazgo (*crowdfun-
ding*), es importante, pero eso no significa que la gente, como colectivo, sea capaz de inventar un producto o servicio revolucionario.

En este sentido, hay tres ideas que suelen generar mucha confusión.

La primera es que *la gente confunde deseos con necesidades*. Que
lo que necesitamos es aire, agua, salud y un techo bajo el que cobi-

jarnos. Todo lo demás son deseos. Y que si somos unos privilegiados, llegamos a la conclusión de que todas esas otras cosas que deseamos son, en realidad, necesidades.

La segunda es que la gente es consciente de sus deseos (de lo que considera sus necesidades), pero *es malísima en cuanto a inventar nuevas formas de abordar dichos deseos*. A menudo, y aunque no funcionen muy bien, la gente prefiere utilizar soluciones conocidas para satisfacer sus deseos. Por lo que a innovar se refiere, la gente se queda atascada.

La tercera es creer equivocadamente que *todo el mundo quiere lo mismo*. Pero en realidad no es así. Los usuarios pioneros quieren cosas nuevas; los rezagados quieren que las cosas no cambien nunca. Una parte de la población quiere chocolate, y la otra parte quiere vainilla.

LOS PROFESIONALES DEL MARKETING INNOVADORES INVENTAN SOLUCIONES NUEVAS QUE FUNCIONAN CON EMOCIONES VIEJAS

A pesar de que los siete mil millones de personas que habitan el planeta son únicas, a pesar de que cada uno de nosotros tiene una colección distinta de deseos, necesidades, penas y alegrías, en muchos sentidos somos iguales. Compartimos una cesta de sueños y deseos, en distintas proporciones, pero con toneladas de solapamiento.

Te presento la lista, la lista fundacional, el vocabulario que compartimos y cuyos términos elegimos todos nosotros cuando expresamos nuestros sueños y nuestros miedos:

Aventura	Pertenencia
Afecto	Comunidad
Evitar novedades	Control
Creatividad	Actividad física
Placer	Poder
Libertad de expresión	Consuelo
Libertad de movimiento	Fiabilidad
Amistad	Respeto
Buen aspecto	Venganza

Salud	Romanticismo
Aprendizaje de nuevas cosas	Seguridad
Lujo	Confianza
Nostalgia	Sexo
Obediencia	Fuerza
Participación	Compasión
Paz mental	Tensión

Seguramente, podríamos añadir una decena más. Pero es poco probable que podamos añadir cincuenta más. Que esta cesta básica de sueños y deseos sea limitada significa que los profesionales del marketing, igual que los artistas, no necesitan muchos colores para pintar una obra maestra original.

Y aquí es donde empezamos: con reivindicaciones. Reivindicaciones sobre lo que nuestro público, la gente a la que pretendemos ofrecer nuestros servicios, desea y necesita. Reivindicaciones sobre lo que esas personas tienen en la cabeza cuando se despiertan, sobre qué hablan cuando nadie las escucha a escondidas, sobre lo que recuerdan cuando la jornada termina.

Y, luego, reivindicamos el modo en que nuestro relato y nuestra promesa interactuarán con esos deseos. Cuando alguien se tropiece con nosotros, ¿verá lo que nosotros vemos? ¿Querrá lo que nosotros pensamos que querrá? ¿Actuará en consecuencia?

No empieces con tus máquinas, tu inventario o tus tácticas. No empieces con lo que sabes hacer ni con nada que distraiga tu misión. Empieza con los sueños y con los miedos, con los estados emocionales y con el cambio que buscan tus clientes.

NADIE NECESITA TU PRODUCTO

No tiene sentido decir: «La gente necesita una cartera de piel blanca». No lo tiene porque:

1. La gente no necesita ninguna cartera. Tal vez *quiera* una cartera, lo cual es completamente distinto.
2. La gente puede tomar la decisión de que quiere una cartera de piel blanca, pero no la quiere porque sea blanca o porque

sea de piel; la quiere por cómo le hace sentirse. Lo que la gente compra es eso: un sentimiento, no una cartera. Identifica ese sentimiento antes de dedicar tu tiempo a fabricar una cartera.

Los profesionales del marketing hacemos realidad el cambio. Cambiamos a la gente pasándola de un estado emocional a otro. Acompañamos a la gente en un viaje; la ayudamos a convertirse en la persona con la que sueña en convertirse, poco a poco.

NADIE SE SIENTE FELIZ CUANDO TIENE QUE LLAMAR A UN AGENTE INMOBILIARIO

La verdad es que no. A pesar de lo que espera el agente, no suele ser un intercambio muy feliz.

La gente tiene miedo.

Está nerviosa.

Agitada.

Ansiosa por terminar.

Estresada por el dinero.

Pensando en lo que va a ganar o perder.

Preocupada por el futuro.

Inquieta por sus hijos.

El agente es un obstáculo que ralentiza su camino hacia el futuro. Y gran parte de lo que dice no es más que paja, un paliativo, porque el costo es el mismo.

Según estadísticas facilitadas por la National Association of Realtors (Asociación Nacional de Agentes Inmobiliarios) de Estados Unidos, más del 80 por ciento de las personas que contratan los servicios de uno de sus agentes lo hace eligiendo a la primera persona que les devuelve la llamada.

Si tenemos en cuenta este dato, esto es lo que yo le preguntaría a un agente inmobiliario que busca ser *mejor*: ¿cómo quieres presentarte al mundo?, ¿piensas calmar los ánimos de tus potenciales clientes y tranquilizarlos?, ¿los tantearás para explorar que quieren?, ¿afirmarás que eres el mejor, el más rápido, el que más se preocupa por sus clientes?

Del mismo modo que nadie necesita un taladro, nadie necesita tampoco un agente inmobiliario. Lo que la gente necesita y quiere es cómo le hace sentirse tener lo que un agente inmobiliario puede darles.

(Y lo mismo se aplica para los camareros, para los choferes de limusinas y, quizá, también para ti...)

Igual que sucede con los agentes inmobiliarios, la mayoría de nosotros realizamos nuestro trabajo más importante cuando negociamos con emociones, no con productos.

¿DÓNDE ESTÁ EL OSO ENFADADO?

Cuando te tropieces con alguien que no se comporta como esperabas, intenta explorar sus miedos.

Soñar es complicado cuando crees que en cualquier momento aparecerá un oso que te devorará. Incluso (o muy especialmente) cuando todo está en tu cabeza.

¿Y QUÉ QUIERES TÚ?

Deja que lo adivine. Te gustaría que te respetasen, alcanzar el éxito, ser independiente, estar adecuadamente ocupado y tal vez ser un poco famoso. Te gustaría hacer un trabajo del que pudieras sentirte orgulloso y hacerlo para la gente que te importa.

¿Qué es lo que no aparece en esta lista? Que necesitas ser propietario de un coche de un determinado color. Que tienes que vender tus productos en cajas de quince centímetros de ancho, no de veinte. Que quieres que todos tus clientes tengan apellidos de menos de seis letras.

Los detalles no son muy importantes. Tú, igual que tus clientes, aspiras a experimentar un cambio en tu estado emocional, pasar del miedo a la pertenencia.

Lo cual deja mucho espacio de movimiento. Muchos grados de libertad.

Para ello va bien ser fiel a determinadas verdades de la venta. Si quieres ser independiente, necesitarás ser propietario de bienes, o tener cierta reputación. Si quieres ser económicamente acomodado, tendrás que proporcionar valor a gente que esté dispuesta a pagarte por ello. Si quieres sentirte orgulloso de tu trabajo, tendrás que evitar caer en la espiral de prácticas abusivas y denigrar con ello la cultura.

Pero, dentro de este marco de trabajo, hay mucho espacio de movimiento. Espacio para indagar en profundidad y decidir qué cambio quieres llevar a cabo y cómo (y a quién) ofrecer tus servicios.

Este podría ser un buen momento para regresar al ejercicio de los ejes, para repetirlo y buscar nuevos elementos que colocar en X e Y, nuevas revelaciones, nuevas promesas; para encontrar a la gente a la que merezca la pena ofrecer tus servicios y, luego, encontrar un cambio que merezca la pena llevar a cabo.

PRUEBA CONSTANTEMENTE

Hacer un producto o servicio aburrido para todo el mundo resulta tentador.

Aburrido porque el aburrimiento está por encima de las críticas. Satisface las expectativas. No provoca tensión.

Para todo el mundo, porque si todo el mundo es feliz, entonces nadie es infeliz.

El problema de esta actitud es que el mercado de personas que se sienten felices con lo aburrido es un mercado estático. No busca la mejora.

Lo nuevo y lo aburrido no coexisten fácilmente, y, en consecuencia, la gente que se siente feliz con lo aburrido no es la que está buscándote. De hecho, está evitándote de manera activa.

Los ciclos cada vez más rápidos, que nos exigen estar probando constantemente y resistirnos a la tentación de crear aburrimiento, están impulsados por el hecho de que las únicas personas a las que podemos ofrecer nuestros servicios son curiosas, están insatisfechas o se sienten aburridas. Todos los demás se desvinculan del tema y se niegan a prestar atención.

La buena noticia es que han sucedido dos cosas extraordinarias, cambios gigantescos en el sentido de que ahora todo se vende a todo el mundo:

1. Hoy en día es más barato y más rápido que nunca crear un prototipo o fabricar una tirada limitada. Esto se aplica tanto a las organizaciones sin ánimo de lucro como a los fabricantes o a los negocios del sector servicios.

2. Hoy en día es más barato y más rápido que nunca localizar a los usuarios pioneros, entrar en contacto con gente dispuesta a escuchar tu relato.

Lo cual significa que depende de nosotros hacer una reivindicación. Diseñar una promesa. Elegir nuestros extremos, buscar a las personas que aspiramos a cambiar y presentarles una oferta.

Llámalo test, si te agrada llamarlo así.

Pero es la vida real.

La vida real que va de comprometerse con lo que es posible y de trabajar con gente que desea cambiar.

Hay que estar siempre buscando, conectando, solucionando, reivindicando, creyendo, viendo y, sí, probando.

Otra forma de interpretar lo que estoy diciendo: *equivócate siempre*.

Bueno, no siempre. A veces, acertarás. Pero, en la mayoría de las ocasiones, te equivocarás. Y no pasa nada.

UNA COLECCIÓN DE RECORTES

Equivocarse desde el principio es demoledor. La originalidad radical no tiene un retorno de la inversión elevado y acaba agotando a cualquiera.

Crear una colección de recortes es una alternativa eficiente.

Cuando diseñes una página web, o una campaña de correo electrónico, o un nuevo producto, puedes hacerlo a base de recortes.

Descubre aquellas cosas que piensas que serán más del agrado y que más confianza inspirarán a aquellos con quienes quieres comprometerte. Los tipos de letra, los precios, las ofertas, las imágenes, los interfaces, etc. Recórtalos y descomponlos a partir de los memes originales e indivisibles. Y, a continuación, reconstruye algo nuevo a partir de las distintas piezas.

Puedes hacer lo mismo cuando confecciones tu página web, tu pódcast o tu nuevo proyecto. Descubre los indicadores esenciales (los extremos), los que más te importan a ti y a tu público, y entretéjelos para construir algo nuevo.

SI TUVIERAS QUE COBRAR DIEZ VECES MÁS POR ELLO

¿Cuál es la diferencia entre un masaje de treinta dólares y uno de trescientos?

¿Qué es lo que puede hacer que un libro cueste doscientos dólares? ¿O que una habitación de hotel cueste mil quinientos dólares? ¿Qué puede llevar a alguien a donar quinientos dólares a una organización benéfica en vez de cincuenta?

«Más de lo mismo» no es la respuesta correcta.

Para aumentar de forma dramática el tamaño de tu público o el precio que cobras por tu producto o servicio, tendrás que hacer algo más que trabajar más horas o interrumpir a más gente.

Por más palabras, por una bolsa más grande de papas fritas o por un equipo de música que suene más fuerte no pagamos diez veces más.

Pero sí por un extremo distinto, por un relato distinto, por un tipo de escasez distinto.

LO IRRESISTIBLE RARA VEZ ES FÁCIL O RACIONAL

En la puerta de la tienda de Fiona siempre suele haber cola.

Y no es de extrañar. Los helados que vende son deliciosos, las porciones son enormes y un cucurucho cuesta menos de tres dólares canadienses. Y te atiende con una sonrisa de oreja a oreja.

Resulta irresistible.

Naturalmente, en cuanto terminas tu helado, das una vuelta, paseas a orillas del lago y tal vez empiezas a hacer planes sobre dónde pasar una semana cuando tengas vacaciones el año que viene.

En The Opinicon, un encantador café cerca de Otawa, podrían cobrar mucho más por un cucurucho de helado. Si un equipo de MBA se encargara de realizar un estudio de mercado y un informe de pérdidas y beneficios, probablemente recomendaría cobrar por ellos unos ocho dólares. Este sería el precio adecuado para un buen retorno de la inversión.

Pero el negocio de The Opinicon no es la venta de helados. *Los helados son un símbolo, un sello, una oportunidad de compromiso con el cliente.*

Si pasas todas las cosas por el tamiz de una hoja de cálculo, acabarás obteniendo un plan racional, pero un plan racional no sirve para crear energía, magia o recuerdos.

Stew Leonard's era un pequeño supermercado que dejaba siempre una huella profunda a sus clientes. Tom Peters publicó una reseña del establecimiento, que lo convirtió en el establecimiento de su clase con más ventas por metro cuadrado. Comprar en Stew Leonard's era toda una experiencia, casi un parque temático, con un servicio al cliente excepcional, una promoción comercial inteligente y multitud de productos interesantes donde elegir. La compañía creció, inauguró más tiendas y pasó a manos de una nueva generación de propietarios que se mostró más interesada por los beneficios a corto plazo y menos por la magia. Los beneficios aumentaron. Pero ahora, año tras año, los establecimientos están cada vez menos concurridos, tienen menos energía, son cada vez menos interesantes. De modo que, cuando abren una nueva tienda, pierden unos cuantos clientes, después unos cuantos más, hasta que, finalmente, la gente empieza a preguntarse: «¿Y por qué me tomo la molestia de venir a comprar aquí?».

No todo consiste en ser más barato. Definir lo «mejor» es complicado. Pero, sin duda alguna, el corazón y el alma de una empresa próspera se encuentran en la búsqueda irracional de ese algo que te hace ser irresistible.

8. Más sobre el «quién»: en busca del mercado mínimo viable

EL CÍRCULO VIRTUOSO Y EL EFECTO RED DE CONTACTOS

Todo buen cliente te traerá otro.

No gastes recursos en los clientes que son un callejón sin salida. Los clientes silenciosos, los clientes celosos, la gente que piensa que hay que mantenerte en secreto. Si te metes en vía muerta nunca conseguirás que tu trabajo crezca.

Tus mejores clientes se convertirán en tus nuevos vendedores.

Tu trabajo para cambiar la cultura prosperará cuando corra la voz, y si quieres que corra la voz, tendrás que crear algo que funcione mejor cuando la noticia empiece a propagarse.

De este modo se creará ese ciclo positivo que andas buscando. El que consigue que el cambio se haga realidad.

LO EXTRAORDINARIO PROVIENE DEL DISEÑO

El fax era una máquina extraordinaria. Su propagación no se produjo gracias a una campaña publicitaria inteligente, sino a que los usuarios decidieron hablar sobre el fax.

¿Por qué?

Porque el fax funciona mejor si tus colegas también tienen uno.

Bob Metcalfe vivió en primera persona este fenómeno cuando inventó Ethernet. La oferta original de 3Com permitía que tres usuarios pudieran conectar sus computadoras personales y compartir una impresora. Era un beneficio marginal, poca cosa de la que hablar.

Pero todo cambió en cuanto los usuarios empezaron a compartir datos. A partir de aquel momento, la gente podía estar en uno de estos dos estados: en la red o fuera de la red. Y si estabas aislado, fuera de la red, era doloroso. Cuanta más gente se sumaba a la red, más gente hablaba sobre la red. Y el aislamiento resultaba cada vez más doloroso.

La primera diapositiva de la presentación de la ley de Metcalfe solo contiene dos líneas. La línea recta muestra que el costo de incorporar cada persona a la red asciende lentamente. La línea curva, sin embargo, muestra que el valor de incorporar una persona más a la red aumenta de forma exponencial.

Este sencillo efecto de red de contactos está en el núcleo de cualquier movimiento de masas y de cualquier cambio cultural de éxito. Sucede cuando el relato del cambio incluye el diseño de algo extraordinario y, lo que es más importante, cuando el producto o servicio funciona mejor al ser utilizado con los demás.

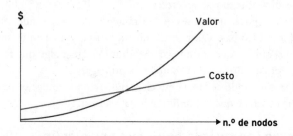

La conversación que me siento motivado a mantener con mis compañeros se convierte en el motor del crecimiento. El crecimiento genera más valor, lo que a su vez genera más crecimiento.

«Y ENTONCES SE PRODUCE EL MILAGRO»

Y la verdad sobre la aceptación por parte del cliente es la siguiente: los milagros no existen.

El sueño de los profesionales del marketing de la vieja escuela gira en torno a transformar un producto, un producto normal y corriente, un producto o servicio que «no está mal»..., eso que tienes delante de ti, sin que pase gran cosa. Transformarlo en un éxito de ventas.

El sueño es que con la ayuda de un ejercicio de relaciones públicas, bombo publicitario, promoción, distribución, compra de publicidad, marketing de influencia, marketing de contenidos..., y con un poco de correo basura, ese producto o servicio se convertirá en «la cosa», en algo que todo el mundo deseará. Será popular precisamente porque es popular.

Pero no te dejes engañar.

Sí, de vez en cuando nace una estrella, pero, la mayoría de las veces, esta estrategia conduce a un fracaso seguro. A un fracaso caro. La alternativa es buscar un camino, no un milagro.

Y ese camino empieza con la aceptación por parte del cliente.

Esto es lo que me gustaría saber sobre el producto que ha creado tu *startup*, instalada en Silicon Valley y respaldada con capital riesgo: ¿cuánta gente, aparte de los usuarios de tu compañía, lo utiliza a diario?, ¿con qué frecuencia te está enviando esta gente sugerencias para que puedas mejorar el producto?

Y otra cosa que me gustaría saber es: ¿cuánta gente está insistiendo en que sus amigos y sus colegas lo utilicen también? *En este momento.*

¿Les gusta? ¿Se gustan más a sí mismos porque les gusta tu producto?

Ese restaurante que acaban de abrir: ¿cuánta gente vuelve noche tras noche a cenar allí, acompañada cada vez de amigos distintos?

O ese puesto en el mercado de productos agrícolas locales, o esa organización sin ánimo de lucro que has puesto en marcha, o la guardería del barrio.

¿Quién los echaría de menos si de pronto desaparecieran?

Si no puedes alcanzar el éxito a pequeña escala, ¿por qué crees que podrás alcanzarlo a gran escala?

MIL FANS VERDADEROS

En 2008, Kevin Kelly, fundador de *Wired*, escribió un ensayo en el que describía la realidad del concepto de mercado mínimo viable.

Para el creador de propiedad intelectual que trabaja de forma independiente (un cantante o un escritor), resulta que un millar de fans verdaderos podría ser suficiente para poder llevar una vida más que decente.

Citando a Kevin: «Un fan verdadero se define como un fan que comprará cualquier cosa que produzcas. Estos fans convencidos conducen quinientos kilómetros para verte cantar; compran la versión en tapa dura, la versión de bolsillo y la versión en audiolibro de tu libro; compran la figurita que acabas de crear sin siquiera haberla visto; pagan por la versión en DVD de tus grandes éxitos cuando pueden tenerlos gratuitamente en tu canal de Youtube; cenan una vez al mes en tu restaurante. Con que tengas un millar de fans como estos (lo que se conoce también como superfans), podrás ganarte la vida, siempre que te conformes con ganarte la vida y no con obtener una fortuna».

Un millar de personas que te apoyarán en la web de micromecenazgo para proyectos creativos Patreon, o un millar de personas que comprarán tu nuevo proyecto en la web análoga Kickstrarter el mismo día que lo lances al mercado. Un millar de personas que no solo se interesan por tu trabajo, sino que, además, correrán la voz sobre él.

El reto para la mayoría que aspira a tener impacto con su trabajo no es dominar el mercado del público de masas. Sino el micro mercado. Pero serían capaces de hacer el pino puente con tal de satisfacer a las masas anónimas, cuando lo que necesitan antes es tener cincuenta o cien personas que los echen de menos si desaparecieran del mapa.

Por mucho que sea agradable soñar con llegar a ser una Kardashian, es mucho más productivo ser importante para solo unos cuantos.

¿Y *HAMILTON*?

El éxito que demuestra la teoría. El éxito que representa no solo el triunfo de un creador sobre el *statu quo*, sino también la narrativa mágica de un esfuerzo y un arte singulares que lo cambia todo.

Excepto...

Excepto que, durante más de un año, *Hamilton* solo tuvo un centenar de espectadores diarios.

Excepto que, incluso cuando se representa diariamente en Nueva York con el teatro lleno, rompiendo todos los récords de Broadway, solo ven el espectáculo unos pocos miles de personas.

Excepto que, incluso cuando está cambiando una pequeña parte de la cultura en ciudades como Chicago, lo ha visto menos del 1 por ciento de la población de Estados Unidos. Su banda sonora, todo un éxito, ha vendido solo varios cientos de miles de copias. Y el libro de la compañía, un sorprendente éxito de ventas, ha vendido una cantidad similar.

Nuestros éxitos de ventas ya no son éxitos como los de antes. Tienen sentido para unos cuantos y son invisibles para el resto.

¿QUÉ HARÍA JERRY?

A menudo cuento la historia de los Grateful Dead, pero, con todo y con eso, prácticamente nadie tiene las agallas suficientes para comprometerse a ofrecer este tipo de servicio, el liderazgo de conexión. Escribí por primera vez sobre ellos hace diez años, pero aún siguen siendo muchos los que caen en la trampa de buscar el pase a los Top 40 de su sector.

Hasta la fecha, he adquirido 233 álbumes de Grateful Dead, más de quinientas horas de música en total.

Los Dead son casi el ejemplo perfecto del poder del marketing para el mercado mínimo viable. Vale la pena dedicar unos minutos a analizar minuciosamente lo que hicieron y cómo lo hicieron, porque nos ilustrará sobre el largo y extraño viaje que hemos emprendido aquí.

A pesar de que se han convertido en un ejemplo conocido, músicos, editores, propietarios de gimnasios, consultores, chefs y maestros parecen olvidarse de la lección principal que debemos aprender de la negativa de los Dead a subirse al tren del éxito de ventas.

En primer lugar, son muy pocos los niños que crecen soñando con poner en marcha un grupo musical como los Grateful Dead. Los Dead han tenido un éxito total de ventas en la lista Top 40 de *Billboard*. *Uno*.

A menudo se los ignora, considerándolos un grupo *hippie* y estrafalario. Tienen fans, verdaderos fans, que también son ignorados fácilmente y son considerados *hippies* y estrafalarios.

Pero, aun así...

Pero, aun así, los Grateful Dead ingresaron más de 350 millones de dólares estando Jerry García con vida, y otros 100 millones más desde su fallecimiento. No cuento ni siquiera las ventas de discos, solo las entradas de conciertos. Vendidas a un precio medio de solo veintitrés dólares.

¿Cómo lo consiguieron? Porque los fans verdaderos hicieron acto de presencia. Porque los fans verdaderos hicieron correr la voz. Y porque los fans verdaderos nunca consiguen satisfacer completamente su necesidad de estar conectados.

Estos son los elementos clave del éxito de marketing de los Dead:

- Atraían a un público relativamente pequeño y centraron toda su energía en esa gente.
- Nunca utilizaron la radio para difundir sus ideas a las masas, sino que confiaron en los fans para que hicieran correr la voz, cuerpo a cuerpo, animándolos a grabar sus conciertos.
- En vez de animar a un gran número de personas a apoyarlos un poco, confiaron en un pequeño número de fans verdaderos que los apoyaban mucho.
- Eligieron los extremos de los ejes X e Y (conciertos en vivo en vez de discos de estudio, improvisaciones largas para la familia de fans en vez de canciones cortas para la radio), y se apropiaron de ambos.
- Dieron a los fans mucho de que hablar y defender. Personas bien informadas y elementos externos.

Para poder explotar esto, se necesitan tres cosas:

1. Un talento extraordinario. Con 146 conciertos al año no se puede engañar a nadie.
2. Paciencia a raudales. En 1972, considerado por algunos como el año cumbre de la banda, acudía a sus conciertos una media de solo cinco mil personas. Los Dead necesitaron más de una década para convertirse en un éxito «de la noche a la mañana».
3. Las agallas necesarias para ser estrafalarios. No debió de ser fácil ver cómo los Zombies, los Doors e incluso los Turtles vendían muchos más discos que ellos. Durante un tiempo, al menos.

En 1972, ser obstinados, generosos y afortunados fue una casualidad que condujo a los Grateful Dead a su sorprendente éxito. Pero, hoy en día, en la mayoría de las industrias (incluyendo el negocio de la música), este tipo de éxito no es casualidad. Es el mejor camino hacia el éxito y, en muchos sentidos, también el más gratificante.

TAYLOR SWIFT NO ES TU MODELO A IMITAR

Piensa en Scott Borchetta, que dirige la discográfica Big Machine. Tiene más de *doscientos singles* que han alcanzado el número uno. Un total que inspira respeto. Un profesional del marketing de primer orden.

Ha vendido más de treinta millones de discos para Taylor Swift, y los ingresos de las giras de Swift son similares a las que tenían los Dead.

Taylor y Scott son máquinas de éxitos de ventas.

La mayoría de los mercados necesita de alguien para ser una máquina de éxitos de ventas, y, en el negocio de la música actual, esa máquina son ellos. Como veremos, en los modelos de distribución de ventas, toda «cola larga» tiene una «cabeza corta», el lugar donde viven los éxitos. Los éxitos de ventas tienen un objetivo útil para nuestra cultura, pero la lección esencial que debemos aprender es la siguiente: alguien fabricará éxitos de ventas, y es probable que ese alguien no seas tú.

Si eres capaz de encontrar un manual que explique cómo convertirse en una máquina de éxitos de ventas, cómo convertirse en alguien que crea con regularidad un movimiento de masas que cambia la parte central del mercado, ¡ve por él!

Para el resto de los mortales, existe el otro camino: el camino de la conexión, la empatía y el cambio.

TODOS LOS CRÍTICOS TIENEN RAZÓN (Y TODOS LOS CRÍTICOS SE EQUIVOCAN)

El crítico al que no le gusta tu trabajo tiene razón. No le gusta tu trabajo. Nadie puede discutírselo.

El crítico que dice que a nadie más le gustará tu trabajo, se equivoca. Al fin y al cabo, a ti te gusta tu trabajo. Y es posible que le guste también a alguien más.

Es la única manera de entender las valoraciones de una estrella y de cinco estrellas que recibe cualquier libro que se venda a través de Amazon. ¿Cómo es posible que un libro obtenga ambos tipos de valoraciones? O es bueno o no lo es.

Falso.

El 12 por ciento de las veintiuna mil valoraciones recibidas por *Harry Potter y la piedra filosofal* fue de una y dos estrellas. Visualizándolo, esto quiere decir que de cada cien lectores, doce dijeron que era uno de los peores libros que habían leído en su vida.

Lo que nos enseña esta distribución bimodal es que existen al menos dos públicos que interactúan con cualquier éxito de ventas. Está el público deseado, el que tiene un conjunto de sueños, creencias y deseos que se integra perfectamente con ese trabajo. Y está el público accidental, el que obtiene más satisfacción si no le agrada el trabajo, odiándolo, y compartiendo esa idea con los demás.

Y ambos tienen razón.

Aunque ninguno de los dos es especialmente útil.

Cuando buscamos *feedback*, estamos haciendo un acto de valentía, una locura. Estamos pidiendo que nos demuestren que lo hemos hecho mal. Que haya gente que nos diga: «Creías haber hecho algo fantástico, pero no es así».

Vaya.

¿Y sí, en vez de hacer eso, buscaras consejo?

¿Y si lo buscaras de la siguiente manera? «He hecho una cosa que me gusta, que he pensado que también te gustará a ti. ¿Qué consejo me darías para hacer que encajara mejor en tu visión del mundo?»

Eso no es buscar una crítica, ni buscar *feedback*. Este tipo de consejo útil revela mucho sobre la persona con la que quieres comprometerte. Nos ayuda a ver sus miedos, sus sueños y sus deseos. Es una pista sobre cómo acercarse más la próxima vez.

Habrá gente dispuesta a decirte cómo le hace sentirse tu trabajo. Tenemos un íntimo conocimiento del sonido que ruge en nuestra cabeza, un sonido que a menudo se expresa en forma de crítica personal y concreta.

Aunque esta crítica podría no ser hacia ti y, en consecuencia, no resulta útil.

Puede darse el caso de que lo que acabes escuchando sean los miedos de esa persona, su narrativa sobre lo que considera inadecuado o injusto.

Cuando la gente comparte sus historias negativas, intenta con frecuencia ampliar su respuesta y universalizarla. Habla sobre cómo «nadie» o «todo el mundo» se siente. Pero lo que en realidad estás escuchando es una determinada fibra sensible que se ha visto tocada en un momento determinado por un trabajo determinado.

Es el caso de la persona que publica una valoración de una estrella porque el libro le llegó tarde para el cumpleaños del niño. O del cliente que está enfadado porque se ha gastado en la boda más de lo que tenía presupuestado. Lo cual es muy distinto a la persona que te ofrece un consejo útil sobre cómo trabajar con gente como ella en el futuro.

Aislarnos de la embestida emocional e intentar sonsacar el consejo útil es un esfuerzo que merece la pena.

¿POR QUÉ LA GENTE NO TE ELIGE A TI?

He aquí otro ejercicio difícil, que tensa el músculo de la empatía del típico profesional del marketing: esa gente que no te compra, esa gente que no te toma la llamada, que mira con desdén tus innovaciones, que compra alegremente a la competencia incluso sabiendo de tu existencia..., *esa* gente...

¿Por qué tiene razón?

¿Por qué la gente que no te elige a ti tiene razón en su decisión de no elegirte a ti?

Cuando se ha trabajado duro, resulta tentador denigrar su opinión, cuestionar sus valores y asumir que esa gente, o bien está mal informada, o bien es egoísta, o bien, simplemente, se equivoca.

Deja todo esto de lado por un momento y encuentra en ti la empatía necesaria para completar la siguiente frase: «Para la gente que quiere lo que tú quieres (____) y cree lo que tú crees (____), tu elección de ____ es la correcta».

Porque lo es.

Es muy probable que la gente haga elecciones perfectamente racionales basándose en lo que ve, en lo que cree y en lo que quiere.

Si eres *coach*, explica por qué la gente que no contrata los servicios de un *coach* ha tomado una decisión inteligente. O explica por qué la gente que utiliza como *coach* a otro que no eres tú ha tomado una decisión que tiene para ella todo el sentido del mundo.

Hace años asistí a una clase de cocina que un amigo me regaló. El chef estaba enseñando a los alumnos la preparación de un plato con carne de ternera picada como ingrediente. «¿Alguna pregunta?», dijo. Uno de los alumnos cometió la temeridad de levantar la mano y preguntar: «¿Estaría bien preparar este plato con carne de pavo picada?».

El chef lo miró con arrogancia y respondió: «Podrías..., si tu intención es que supiera a basura».

Evidentemente, ambos tenían razón.

Para el alumno, la asequibilidad, los beneficios para la salud o los imperativos éticos asociados con la elección de carne de pavo en vez de carne de ternera podrían significar que le importaba más ese relato que el sabor que se ofrecía. Para el maestro, para quien el recuerdo proustiano de este plato lo era todo, el concepto de hacer aquella sustitución era una falta de respeto hacia el esfuerzo que le estaba dedicando a su trabajo.

Eso es lo que significa tener razón en este caso. De acuerdo con lo que cada uno de ellos era y con lo que cada uno de ellos quería y sabía, todos tenían razón. Siempre.

Cuando encontremos la empatía necesaria para decir «lo siento, esto no es para ti, aquí tienes el número de teléfono de mi competencia», encontraremos también la libertad para hacer el trabajo que importa hacer.

9. La gente como nosotros hace cosas como esta

LOS CAMBIOS PROFUNDOS SON DIFÍCILES, PERO MERECEN LA PENA

Como hemos visto, toda compañía, todo proyecto y toda interacción existen con un objetivo: el de hacer realidad el cambio.

Y también el de hacer una venta, cambiar una política o sanar el mundo.

Como profesionales del marketing y agentes del cambio, solemos sobrestimar nuestra capacidad para hacer realidad el cambio. Y la razón de que sea así es muy simple.

Todo el mundo actúa según su narrativa interna.

No podemos obligar a nadie a hacer algo que no quiera hacer; y, la mayoría de las veces, lo que queremos hacer es llevar a cabo actos (o no llevarlos a cabo) que refuercen nuestra narrativa interna.

Así pues, la pregunta que tendríamos que formularnos es de dónde proviene esta narrativa interna y cómo se puede cambiar. O, mejor dicho, cómo utilizamos la narrativa interna para cambiar los actos que lleva a cabo la gente.

Hay quien tiene una narrativa interna que le facilita abrirse a cambiar de conducta (por ejemplo, a Quincy Jones le gustan muchos tipos de música), mientras que otros inician este proceso con enorme resistencia.

Para la mayoría, un cambio de conducta suele estar impulsado por el *deseo de encajar en el grupo* (la gente como nosotros hace cosas como esta) y por la *percepción que tenemos de nuestro estatus* (afiliación y dominio). Teniendo en cuenta que ambas fuerzas nos empujan a quedarnos donde estamos, para cambiarlas no queda otro remedio que ejercer tensión.

En cuanto comprendas cómo funcionan estas fuerzas, podrás navegar por la cultura de un modo totalmente nuevo. Será como si de repente hubieran encendido las luces y te hubieran dado un mapa.

LA GENTE COMO NOSOTROS (HACE COSAS COMO ESTA)

¿Has comido alguna vez grillos? No importa si has comido ese insecto crujiente o si has comido harina de grillo. En muchas partes del mundo, los grillos son una fuente importante de proteínas.

¿Y carne de ternera? A pesar de que es una de las causas del calentamiento global mencionada con más frecuencia, a pesar de que la carne de ternera es una forma realmente ineficiente de alimentar al mundo, me apostaría dinero sin mucho riesgo a perderlo a que la mayoría de la gente que lee este libro ha comido carne de ternera en alguna comida o cena de la última semana.

Si no es genético, si no nacemos con una preferencia determinada por los grillos con respecto a la ternera, si no existen motivos racionales claros para comer una fuente de proteínas o la otra, ¿por qué pensar en comer grillos nos revuelve el estómago, mientras que pensar en comer vacas nos provoca sensación de hambre (o viceversa)?

Porque la gente como nosotros come cosas como esta.

Para la mayoría de nosotros, desde el primer día que alcanzamos a recordar hasta nuestro último suspiro, nuestros actos están básicamente impulsados por la siguiente pregunta: «¿Hace la gente como yo cosas como esta?».

La gente como yo no defrauda impuestos.

La gente como yo tiene coche; nosotros no vamos en autobús.

La gente como yo tiene un trabajo a jornada completa.

La gente como yo quiere ver la nueva película de James Bond.

Incluso cuando adoptamos la conducta de un bicho raro, cuando hacemos algo que la mayoría no suele hacer, seguimos alineándonos con la conducta de los bichos raros.

No hay nadie que sea totalmente inconsciente o ignore por completo lo que sucede a su alrededor. Nadie que sea íntegramente original, actúe exclusivamente por iniciativa propia y esté aislado de los demás en todos los sentidos posibles. Un sociópata hará cosas contrarias a la mayoría, pero es consciente de esa mayoría.

No podemos cambiar *la* cultura, pero todos tenemos la oportunidad de cambiar una cultura, nuestro pequeño rincón de mundo.

El mercado mínimo viable tiene sentido porque maximiza las oportunidades de cambiar una cultura. El núcleo de tu mercado, enriquecido y conectado por el cambio que aspiras a llevar a cabo, comparte orgánicamente lo que está sucediendo con el siguiente estrato del mercado. Y así sucesivamente. Esto es *gente como nosotros*.

CASO DE ESTUDIO: BLUE RIBBONS

En mi pequeña ciudad teníamos un problema. A pesar de tener colegios extraordinarios (nuestra escuela de enseñanza primaria había sido galardonada con la cinta azul, el emblema de calidad nacional Blue Ribbon), se había producido un cisma con respecto a la votación de los presupuestos para el año siguiente.

Mucha gente, sobre todo los residentes de toda la vida y las familias de segunda o tercera generación, estaban molestos por el aumento de las tasas escolares. Parte de esa gente se organizó y, por primera vez que yo recuerde, la votación para los presupuestos escolares no salió adelante.

En el estado de Nueva York, existe la posibilidad de realizar una segunda ronda de votaciones, pero, si también fracasa, los recortes que se imponen son draconianos y los programas esenciales se recortan sin pensar en prioridades. ¿Qué se podía hacer teniendo en cuenta que solo faltaban ocho días para la siguiente votación?

Unos cuantos activistas decidieron implementar una nueva estrategia. En vez de discutir a gritos en defensa del presupuesto, en vez de repartir folletos u organizar una manifestación, ataron un centenar de cintas azules a un árbol gigantesco que había delante del instituto, justo en el centro de la ciudad.

La iniciativa se propagó en pocos días. En la semana previa a la votación, muchas docenas de árboles de toda la ciudad lucían cintas azules. Miles de cintas azules, colgadas por muchas familias.

El mensaje era muy simple: gente como nosotros, gente de nuestra ciudad, gente de este barrio galardonado con la Blue Ribbon, apoya nuestras escuelas.

El presupuesto se aprobó con más de un 50 por ciento de votos.

LA NARRATIVA INTERNA

No tomamos las decisiones en un vacío, sino que las basamos en cómo percibimos nuestro grupo. Por este motivo compramos un cochecito de bebé de 700 dólares porque somos inteligentes (o no lo compramos porque nos parece una estupidez).

O compramos en el mercado de productores locales (o no lo hacemos porque está lloviendo y no venden Cheetos).

Acosamos a la reportera de televisión a la salida del estadio de fútbol (y como consecuencia de ello, perdemos nuestro puesto de trabajo) porque vemos que nuestra gente se comporta así.

O nos vestimos con una camiseta rosa fluorescente, pantalón amarillo y sin calcetines porque nos decimos que es un estilismo cómodo (aunque básicamente lo hacemos porque así es como nos imaginamos una versión de éxito de nosotros mismos).

Todo gira alrededor de una pregunta muy sencilla: «¿Hace la gente como yo cosas como esta?».

La normalización crea cultura, y la cultura dirige nuestras decisiones, lo cual genera más normalización.

Los profesionales del marketing no crean productos y servicios normales y corrientes para gente corriente. Los profesionales del marketing hacen realidad el cambio. Y lo hacen normalizando nuevas conductas.

LA DEFINICIÓN DE «NOSOTROS»

En la época anterior, los medios de comunicación de masas se esforzaron por definir «nosotros» y «todos nosotros» como la multitud, los norteamericanos, la población mundial. El concepto de «todos nosotros» nunca alcanzó totalmente el éxito, puesto que los racistas, los xenófobos y los aislados siempre trazaron la línea para excluirse del «todos nosotros».

Pero estuvimos muy cerca. El *I'd like to teach the world to sing* (la famosa canción del anuncio)* y la comercialización del «mundo entero» se produjo a más velocidad y fue más profundo de lo que la mayoría esperaba. Todos (o casi todos) mirábamos el programa de Johnny Carson,** y todos (o casi todos) nos vestíamos con pantalón vaquero, y todos (o casi todos) estudiábamos. O, como mínimo, el «todos» que nuestra vista estaba dispuesta a ver.

Hoy en día, sin embargo, la cultura popular no es tan popular como antes. *Mad Men*, anunciada a bombo y platillo en *The New York Times* a través de docenas de artículos por temporada, fue una serie que solo vio con regularidad el 1 por ciento de la población de Estados Unidos. Y el fenómeno de cultura popular en que se ha convertido el Cronut o las galletas Oreo fritas en las ferias populares son fenómenos que llegan, si estás dispuesto a hacer algo de redondeo, básicamente a nadie.

Hemos pasado de un «todos nosotros» que incluía a *todo el mundo* a un «todos nosotros» que equivale a *nadie*.

Pero me parece bien, porque la «cola larga» de la distribución de la cultura, los medios de comunicación y el cambio ya no necesita a todo el mundo. Le basta con que seamos *suficientes*.

---

* Uno de los anuncios más famosos de Coca-Cola. Se emitió por primera vez en julio de 1971, pero pronto fue adaptado en diversos países debido a su gran éxito. En España la canción se tradujo: «Al mundo entero quiero dar un mensaje de paz...». *(N. de la T.)*

** *The Tonight Show*, aún en emisión, fue presentado por Johnny Carson de 1962 a 1972. *(N. de la T.)*

¿QUÉ «NOSOTROS»?

En el concepto de «la gente como nosotros hace cosas como esta», el «nosotros» es importante. Cuanto más concreto, más conectado y más unido esté el «nosotros», mejor.

Lo primero que tiene que hacer el profesional del marketing, el líder y el organizador, es algo muy sencillo: definir «nosotros».

Cuando decimos que «la gente como nosotros realiza donaciones a organizaciones sin ánimo de lucro como esta», no se lo decimos a todo el mundo, es evidente. No todo el mundo realizará donaciones a esa organización de tu preferencia. ¿Quién las realizará, entonces?

La respuesta correcta no es: «La gente que realiza donaciones a esta organización es gente como nosotros». Eso es anticuado. Necesitamos ser más valientes, más articulados, más dispuestos a tomar la iniciativa no solo en cuanto a llegar a nuestros mercados, sino también a cambiarlos, a cambiar sus expectativas y, sobre todo, a cambiar lo que ellos deciden decir y mostrar.

La misma lógica debes aplicar en las reuniones internas donde presentas una nueva idea a tu empresa, o a la visita de ventas que estás haciendo, o a tu esperanza de cambiar la cultura del equipo de fútbol que estás entrenando.

Empieza con el «nosotros».

NO TENDRÍAMOS QUE LLAMARLO «LA CULTURA»

Tendríamos que llamarlo «una cultura» o «esta cultura», porque la cultura universal no existe, porque no existe un «nosotros» que nos defina a todos nosotros.

Cuando nos sintamos cómodos con la idea de que nuestro trabajo consiste en cambiar «una cultura», podremos ponernos manos a la obra con dos partes complicadas del trabajo:

1. Trazar un mapa y comprender la visión del mundo de la cultura que pretendemos cambiar.
2. Concentrar todas nuestras energías en este grupo. Ignorar a todos lo demás. Concentrarnos en construir y vivir un relato

que tenga sentido en el seno de la cultura que pretendemos cambiar.

Así es como hacemos realidad los cambios: preocupándonos lo bastante como para querer cambiar una cultura, y siendo lo suficientemente valientes como para elegir solo una.

ARTE, PERO EL SUFICIENTE

El emprendedor Alex Samuel explica que JetBlue, cuando fue lanzada al mercado, simplemente tenía que ser una aerolínea más moderna que American y Delta.

Pero cuando se lanzó al mercado Virgin America, seis años más tarde, tenía que ser más moderna que JetBlue. Un obstáculo distinto. Puesto que JetBlue había trabajado muy duro para erigirse como la compañía aérea más moderna. Se había subido el listón.

Todo en nuestra cultura forma parte de una jerarquía entre el ayer, el hoy y el mañana. No podemos saltar directamente hacia delante.

La fotografía funciona así, por ejemplo. Ser un fotógrafo lo bastante habilidoso como para hacer las fotografías que se hacían ayer es bastante fácil. Imitar estilos previos suele ser técnicamente sencillo. Suele ser evidente. Pero convertirse en el que establece la siguiente fase implica un salto; un salto hacia una nueva manera de hacer las cosas, de una forma un poco mejor y un poco inesperada. Aunque, si el salto es demasiado largo, la tribu no te seguirá.

CASO DE ESTUDIO: EL MATRIMONIO GAY EN IRLANDA

Una manera de sacar adelante el primer referéndum a escala nacional sobre el derecho de las personas gays a contraer matrimonio sería exponiendo el caso y poniendo énfasis en la justicia, el respeto y los derechos civiles.

Pero este enfoque racional no te llevaría muy lejos.

¿Cuál sería la alternativa? Brighid White y su marido, Paddy, ambos de casi ochenta años de edad, filmaron un video sobre su hijo y sobre lo que significaba para ellos dar su apoyo al referéndum.

Gente como nosotros.

Ver ese video y verse reflejado en él es fácil para muchos. Como padres. Como tradicionalistas. Como irlandeses.

La esencia del cambio político es casi siempre el cambio cultural, y la cultura cambia horizontalmente.

De persona a persona. De nosotros a nosotros.

ELITISMO Y/O EXCLUSIVIDAD

Malcolm Gladwell destacaba la diferencia que existe entre una institución de élite y una institución exclusiva.

Pueden coexistir, aunque a menudo no sea así.

Las becas Rhodes son un premio de élite. Van a parar a muy poca gente, y son respetadas por otros individuos e instituciones de élite.

El elitismo es una medida externa. ¿Respeta este emblema el mundo que a ti te importa?

Pero las becas Rhodes no son exclusivas. No se trata de una tribu, de un grupo de individuos bien conectados y que tienen su propia cultura.

La exclusividad es una medida interna. Es nosotros frente a ellos, internos contra externos.

Los Ángeles del Infierno no son élite, pero son exclusivos.

La Harvard Business School es tanto elitista como exclusiva. Lo mismo sucede con los Navy Seals.

Confundirnos en nuestra empresa de construir algo que resulte importante es muy fácil. Parece como si tuviéramos que trabajar para que nuestra organización sea de élite, para que *The New York Times* proclame que hay que ir a ver nuestra obra o para confiar en que a los de último curso les guste nuestra actuación en el terreno de juego.

Pero las instituciones exclusivas son las que cambian las cosas. Sobre nuestro estatus de élite no tenemos ningún control y podemos perderlo en un instante. Pero las organizaciones exclusivas prosperan siempre y cuando sus miembros deseen pertenecer a ellas, y ese trabajo es algo que sí podemos controlar.

La organización exclusiva tiene en su núcleo la siguiente verdad: todos sus miembros son «gente como nosotros». Si te apuntas a ello, ganas estatus. Si te alejas, lo pierdes.

Para cambiar la cultura, empezamos con un grupo exclusivo. Ahí es donde podremos ofrecer la máxima tensión y crear las conexiones más útiles.

CASO DE ESTUDIO: ROBIN HOOD FOUNDATION

En 2015, la Fundación Robin Hood recaudó 101.000.000 dólares.

En una sola noche. Fue el evento de captación de fondos más efectivo de la historia.

Al ver este resultado, hay quien llega a la conclusión de que el secreto está en la táctica (una gala). Pero no es así. El secreto está en la extraordinaria presión de la mentalidad de «*gente como nosotros hace cosas como esta*».

Robin Hood es una organización benéfica con sede en Nueva York que se sostiene en gran parte gracias a las donaciones de un rico fondo de inversiones y de inversores de Wall Street. La fundación ha consagrado una generación a construir expectativas sobre el acto, a propagar la voz sobre la generosidad de los usuarios pioneros y a aprovechar la hipercompetitiva *egomanía* de Wall Street. Aunque hubo alguna que otra donación anónima, prácticamente, todo el dinero recaudado giró en torno a un intercambio muy simple: dinero a cambio de estatus.

El acto genera tensión. Tú estás allí, la gente similar a ti está también allí, tu pareja está allí. Empieza la subasta. Es por una buena causa. Con un gesto muy sencillo, puedes mejorar tu imagen, ganarte el respeto de los demás y dominar a la competencia. Si eso encaja con tu visión del mundo y consideras que puedes permitírtelo, donas dinero.

Con los años, esta narrativa se normaliza. No es extrema, no es para estos «nosotros». Sino que es lo que nosotros hacemos.

La naturaleza intencionada de este proceso se pasa por alto con facilidad. Rara vez se produce como un efecto colateral no intencionado.

LA GENTE SE PONE EN PIE PARA APLAUDIR

¿Cuánta gente se necesita para que todo el mundo se ponga en pie y empiece a aplaudir?

En una charla TED, basta con tres personas. Si Bill, Al y Sunny se levantan, miles de personas más se levantarán.

En un espectáculo de Broadway, por tibia que sea la respuesta, puede que baste con quince desconocidos repartidos por todo el teatro.

Y en Mezzrow, el formidable club de *jazz*, seguramente es imposible.

¿Cómo funcionan estas cosas?

Hay públicos en los que hay pocos desconocidos. Reconocemos y respetamos a la gente de nuestro alrededor y confiamos en ella, y esto se combina con la profunda necesidad que tenemos de encajar en el grupo, y activa una ovación en pie. Si deseo ser uno de «nosotros» y el líder se levanta, yo también me levanto.

Por otro lado, en un local lleno de desconocidos, el deseo de encajar es algo distinto. En el teatro de Broadway, llevo el sombrero del turista, y los turistas como yo responden de esta manera. En el local hay prejuicios.

Y lo contrario aplica a los amantes del *jazz* clásico. Saben que los fans del *jazz* no practican las ovaciones en pie, y sobre todo en un club, y los prejuicios de ese local son difíciles de cambiar.

RAÍCES Y BROTES

La siguiente analogía te ayudará a dar vida a las ideas sobre las que hemos hablado hasta el momento.

Tu trabajo es como un árbol. Sus raíces viven en el terreno de los sueños y los deseos. No son los sueños y los deseos de *todo el mundo*, sino simplemente de aquellos a quienes aspiras a poder ofrecer tus servicios.

Si tu trabajo no es más que un producto básico, una respuesta rápida a una demanda evidente, tus raíces no serán muy profundas. Es poco probable que tu árbol crezca; y, si lo hace, es poco probable que sea considerado importante, útil o dominante. Estará rodeado de árboles similares.

A medida que tu árbol crezca, irá generando una señal que se proyectará hacia la comunidad. Los usuarios pioneros de entre aquella gente a la que pretendes ofrecer tus servicios se comprometerán con el árbol, treparán a él, disfrutarán de su sombra y, finalmente, comerán sus frutos. Y atraerán a más gente.

Si lo has planificado bien, el árbol crecerá rápidamente, puesto que nada le bloquea el sol, puesto que en esa zona hay pocos árboles más. Y cuando el árbol crezca, no solo atraerá a más gente, sino que, además, su altura (por ser la elección dominante en su barrio) bloqueará los esfuerzos inútiles de otros árboles similares. Al mercado le gustan los ganadores.

Presentarse con una semilla y esperar que acuda una multitud es un error. El trabajo que tiene sentido para aquella gente que te importa es el camino más corto y más directo para marcar la diferencia.

10. La confianza y la tensión generan movimiento

ENCAJE DE PATRÓN / INTERRUPCIÓN DE PATRÓN

Harás lo uno o lo otro.

Encajar con el patrón es más de lo mismo. Cuando la oferta que aportas encaja con el relato que nos contamos, con cómo lo contamos, con el ritmo al que estamos acostumbrados, con el gasto y el riesgo que conlleva... es una opción fácil incorporarte a la mezcla.

Piensa por un momento en la familia con niños que está acostumbrada a un desfile sin fin de cereales para el desayuno. Los Cocoa Krispies llevaron a los Lucky Charms, y estos, a los Frosted Flakes..., o a cualesquiera que estuvieran de oferta o tuvieran una promoción estupenda que los niños pidieran a gritos. Cuando aparece tu nueva marca de cereales, adquirirla encajará dentro del patrón. Seguro, ¿por qué no?

O puede ser también algo tan simple como la serie que pasan los jueves a las nueve de la noche. Millones de personas se sientan en el sofá para mirar la tele. No se trata de cambiar su patrón, sino de incorporar tu nueva oferta a una forma de hacer las cosas que ya existe.

Una interrupción de patrón, por otro lado, exige algún tipo de sacudida. Se genera tensión y la energía se desvía hacia la posible nueva incorporación. ¿Vale la pena tenerla en cuenta? La mayoría de las veces, y para la mayoría de aquellos a quienes pretendes ofrecer tus servicios, la respuesta es no. Y la respuesta es no porque los patrones están establecidos, el tiempo es un bien preciado y correr riesgos da miedo.

Si quieres que alguien que nunca ha contratado un jardinero contrate tus servicios como jardinero, estarás pidiéndole que interrumpa su patrón. Si intentas conseguir que una persona acostumbrada a realizar donaciones de cien dólares, realice una donación de cinco mil dólares, estarás enfrentándote al mismo reto. Antes de poner la maquinaria en movimiento, hay que romper con ese patrón.

Cuando la vida se pone de por medio, se establecen nuevos patrones. Por eso es tan rentable realizar trabajos de marketing enfocados a padres primerizos, mujeres que van a contraer matrimonio y gente que acaba de mudarse de casa. Ninguno de ellos tiene un patrón en el que encajar y, en consecuencia, *todo* es una interrupción. Por otro lado, el jefe de compras de cualquier empresa ha aprendido que el encaje con el patrón es la mejor manera de mantener su puesto de trabajo sin sorpresas.

El mejor momento para lanzar al mercado una nueva aplicación es cuando la plataforma es nueva.

Cuando te enfocas hacia alguien que todavía no tiene un patrón, no necesitas convencerlo de que las elecciones que realizaba antiguamente eran un error.

LA TENSIÓN PUEDE CAMBIAR PATRONES

Si piensas lanzar al mercado una interrupción de patrón, tendrás que proporcionar ese tipo de tensión que solo consigue liberarse cuando se está dispuesto a cambiar un patrón arraigado.

La tensión es la fuerza que encuentras en una goma elástica. Si tiras de un extremo, crearás tensión en todos sus puntos.

¿Por qué hay personas que dudan a la hora de formular una pregunta en clase, pero luego responden sin problemas al profesor cuando este se lo pide?

Actuar de forma voluntaria es un problema para esas personas, puesto que exige acción y responsabilidad. Pero, cuando el profesor aplica una tensión social focalizada al pedirle públicamente al alumno que responda a su pregunta, el alumno no tiene ningún problema en responder. La tensión es suficiente para superar la inercia que pudiera tener.

Cuando le pedimos a alguien que contribuya a la venta de productos caseros para beneficencia o que se apunte a nuestro club de lectura, estamos creando tensión. Estamos utilizando una fuerza (en este caso, el compromiso social) para superar otra fuerza (el *statu quo*).

Consideremos el ejemplo de Slack, el exitoso software de productividad diseñado para equipos de trabajo. A la gente no suele apetecerle cambiar el patrón de su forma de trabajar. Nadie se despierta un día pensando que necesita aprender el funcionamiento de un nuevo software para luego tener que lidiar semanas con las dificultades que implica el cambio de una plataforma de confianza a otra.

Pero, aun así, Slack es el producto de su clase que presenta un crecimiento más rápido. ¿Por qué?

Porque después de capturar la energía y el cariño de algunos neófilos, el engranaje se puso en marcha. Utilizar Slack es mejor cuando tus compañeros de trabajo también lo utilizan. Razón por la cual los usuarios tienen un poderoso motivo egoísta para contárselo a los demás y, de hecho, cada día que no lo utilizan es un sufrimiento para ellos.

¿Y qué sucede con el patrón de interrupción del nuevo usuario? ¿Dónde está la tensión?

La respuesta es muy sencilla. Basta con que un colega diga: «No sabes lo que te estás perdiendo».

Cada día que pasas sin estar en Slack, oyes a la gente del trabajo hablando sobre el tema a tus espaldas, trabajando en proyectos sin ti, manteniendo conversaciones de las que quedas excluido.

Y sabes que puedes liberar esa tensión, ahora mismo, apuntándote, y ya está.

Slack empezó *encajando en un patrón*, ofreciendo nuevo software a la gente que le gusta el nuevo software. Una nueva forma de trabajar para gente que busca una nueva forma de trabajar.

Y luego llegó el salto.

Slack dio a este grupo una herramienta para crear una *interrupción de patrón*. De igual a igual. Con un trabajador comentándole a otro: «Vamos a probar esta nueva herramienta». Esa única transmisión horizontal sirvió para construir una compañía de software valorada en miles de millones de dólares.

No es casualidad. Es algo que el mismo software lleva dentro.

¿Qué patrón quieres interrumpir tú?

¿QUÉ ESTÁS ROMPIENDO?

Cuando pones en marcha un nuevo proyecto, además de ofrecer un servicio a tu público, estás rompiendo algo. La simple existencia de una alternativa hace que alguna otra cosa deje de ser cierta.

Cuando pones en marcha el segundo hotel en las cataratas del Niágara, el primer hotel deja de ser el único.

Cuando lanzas al mercado el teléfono, el telégrafo deja de ser la forma más rápida de enviar un mensaje.

Cuando celebras una fiesta exclusiva, todos los que no están invitados pasan a ser elementos externos.

Cuando lanzas al mercado un extremo (lo más eficiente, lo menos caro, lo más conveniente), lo que hayas superado con tu lanzamiento deja de ser el extremo que sus fans buscaban.

Cuando una nueva red empieza a ganar aceptación, a incorporar a gente interesante, a los poderosos usuarios pioneros, dicha aceptación hace que todo aquel que formaba parte de la antigua red que estás suplantando empiece a replantearse su membresía.

La tensión es esto. La tensión de quedarse rezagado.

Y los profesionales del marketing que provocan cambios, provocan tensión.

TENSIÓN NO ES LO MISMO QUE MIEDO

Si tienes la sensación de estar coaccionando a la gente, manipulándola o dándole miedo, es que estás haciendo algo mal.

La tensión es otra cosa. La tensión es algo que podemos ejercer precisamente porque nos importa la gente a quien queremos ofrecer nuestros servicios.

Pero el miedo mata los sueños; deja a la gente en suspenso, conteniendo la respiración, paralizada e incapaz de seguir avanzando.

El miedo no ayuda a hacer realidad el cambio. Pero la tensión sí.

La tensión a la que nos enfrentamos cuando estamos a punto de cruzar un umbral. La tensión que provoca el pensar si funcionará o no funcionará. La tensión de preguntarnos: «Si consigo hacer esto, ¿me gustará la persona en la que me convertiré?».

El miedo puede existir, pero la tensión es la promesa de que a pesar de ese miedo podremos pasar al otro lado.

La tensión es el sello distintivo de cualquier experiencia educativa excepcional; la tensión de no saber muy bien en qué punto del proceso nos encontramos, de no estar seguros de si nuestro currículo es el adecuado, de no tener la garantía de que el conocimiento que andamos buscando acabe haciéndose realidad.

Cualquier educación efectiva genera tensión, porque justo cuando estás a punto de aprender un concepto, te das cuenta de que lo desconoces (todavía).

Como adultos, nos exponemos voluntariamente a la tensión de un gran concierto de *jazz*, o de un partido de fútbol, o de una película de suspense. Pero, en gran parte por haber sido adoctrinados por el miedo, dudamos cuando se nos presenta la oportunidad de aprender algo nuevo en nuestro camino hacia convertirnos en la persona que queremos ser.

El miedo nos paraliza si no nos han enseñado que avanzar es posible. En cuanto vemos una salida, la tensión puede ser la herramienta que nos proporcione el movimiento.

Los profesionales del marketing más efectivos poseen la valentía necesaria para generar tensión. Algunos buscan activamente dicha tensión, porque funciona. Porque empuja a aquellos a quienes ofrecemos nuestros servicios a saltar por encima del abismo hacia el otro lado.

Si el cambio que pretendes hacer realidad te preocupa lo suficiente, te preocuparás para, de forma generosa y respetuosa, generar tensión a fin de lograr dicho cambio.

LOS PROFESIONALES DEL MARKETING GENERAN TENSIÓN, Y EL MOVIMIENTO ALIVIA DICHA TENSIÓN

La lógica de las ventas por cierre de negocio es escurridiza. Al fin y al cabo, si el establecimiento funcionaba bien, no tendría por qué estar cerrando. Y si el cliente espera recibir un servicio posventa, una garantía o la posibilidad de poder devolver el producto, comprar en un establecimiento que está a punto de desaparecer no parece una decisión muy inteligente.

Pero, a pesar de todo esto, a la gente le cuesta resistirse a las gangas.

Y es así porque la escasez de las ventas por cierre de negocio genera tensión. La tensión de: «¿Qué ganga estaré perdiéndome?». Y la mejor manera de aliviar esa tensión es yendo al establecimiento para comprobarlo.

Naturalmente, el miedo a perdernos algo no es la única tensión que nos pone en movimiento.

Imagínate una nueva red social. Si te incorporas a ella temprano, encontrarás más amigos y estarás más en sincronía que los que se incorporen más tarde. Mejor no quedarse rezagado.

Así es como procesamos las facturas aquí. Sé que estás familiarizado con el sistema anterior, pero nuestra organización utiliza el sistema nuevo, y el jueves deberás tenerlo ya por la mano.

Las últimas tres casas que se han vendido en el bloque se han vendido por menos de lo esperado. Si no vendemos pronto, nunca podremos saldar la hipoteca.

Supreme solo va a fabricar 250 pares de zapatillas deportivas como esas. Voy ahora mismo a comprarme unas, ¿vienes?

Si quieres saber cómo termina la serie, tendrás que mirarla el domingo.

No queremos sentirnos excluidos, ni rezagados ni desinformados ni impotentes. Queremos ir por delante. Queremos estar en sincronía. Queremos hacer lo que hace la gente como nosotros.

Ninguno de estos sentimientos existía antes de que un profesional del marketing apareciera con algo para provocarlos: si no existiera un nuevo disco, no te sentirías excluido por no haberlo escuchado aún.

Creamos intencionadamente estos vacíos, estos pequeños abismos de tensión que tenemos que superar de un salto.

Y la razón de que así sea es el estatus.

¿Dónde nos posicionamos?

¿Qué piensa la tribu de nosotros?

¿Quién está arriba y quién está abajo?

¿ESTÁS PREPARADO PARA GENERAR TENSIÓN?

No se trata de una pregunta retórica.

Existen dos maneras de hacer tu trabajo.

Puedes ser un taxista. Presentarte y preguntarle a la gente dónde quiere ir. Cobrarle según lo que indique el taxímetro. Ser una pieza sustituible en el sistema de transporte bajo demanda. Y poco cambia el hecho de que seas un taxista muy trabajador.

O puedes ser un agente de cambio, alguien que genera tensión y, luego, la alivia.

Cuando en Las Vegas empezaron a construir casinos elegantes, los viajeros empezaron a sentir tensión. Los visitantes que solo un año antes estaban felices y contentos en Reno o en el centro de la ciudad de Las Vegas, se sentían como ciudadanos de segunda clase. Se preguntaban: «¿Soy del tipo de persona que va a un casino tan decadente?». La simple existencia de una alternativa más elegante degradaba su experiencia en el casino que antes había sido su favorito.

Se crea tensión. Y la única manera de aliviarla es poniéndose en movimiento y avanzando.

Cuando subes al escenario con tu relato, con la solución que tienes en mente, ¿creas tensión? De no ser así, lo más probable es que el *statu quo* sobreviva.

EL *STATU QUO* SE SALE CON LA SUYA

La narrativa dominante, el líder en cuota de mercado, las políticas y los procesos que gobiernan el día a día, existen por alguna razón.

Resisten con excelencia los esfuerzos de insurgentes como tú.

Si para cambiar el *statu quo* bastara con la verdad, lo habríamos cambiado hace mucho tiempo.

Si simplemente estuviéramos esperando la aparición de una idea mejor, una solución más sencilla o un proceso más eficiente, nos habríamos alejado del *statu quo* hace un año, una década o un siglo.

El *statu quo* no cambia porque tengamos razón. Cambia porque la cultura cambia.

Y el motor de la cultura es el estatus.

11. Estatus, dominio y afiliación

BAXTER ODIA A *TRUMAN*

Baxter es mi perro. Es un chucho, un perro gregario, feliz y expresivo que consigue llevarse bien con todo ser humano y todo perro que conoce.

Excepto con *Truman*.

Truman es un pastor alemán regio y seguro de sí mismo que acaba de venir a vivir al otro lado de la calle. *Truman* tiene una familia encantadora, lo sacan a pasear varias veces al día y está volviendo loco a *Baxter*.

El día que invitamos a cenar a casa a la maravillosa familia de *Truman*, lo trajeron con ellos. *Baxter* se puso hecho una fiera. No podía controlarse.

¿Qué pasa?

Piensa en los pingüinos de las Galápagos. Pasan dos horas diarias pescando y el resto del tiempo organizándose en orden jerárquico. Hay una cantidad enorme de juegos de acicalamiento, empujones y posicionamiento social.

Y esto no es solo una cuestión de mi perro y de los pingüinos, claro está.

Sucede también con nosotros.

NO ES IRRACIONAL, SINO QUE EL ESTATUS LO CONVIERTE EN LA DECISIÓN ADECUADA

¿Por qué la gente elige un restaurante y no otro? ¿O una universidad? ¿Por qué compramos este coche y no ese?

¿Por qué aquel campeón de póker hizo una mala apuesta? ¿Por qué alquilar una casa en vez de comprarla? ¿A qué club perteneces?

Si observas con atención decisiones que de entrada parecen no tener sentido, verás, con toda probabilidad, que han entrado los roles de estatus. Son decisiones que no tienen sentido para ti, pero que tienen todo el sentido del mundo para la persona que las tomó.

Dedicamos mucho tiempo a prestar atención al estatus.

ROLES DE ESTATUS: EL PADRINO Y EL ENTERRADOR

En su brillante libro *Impro*, Keith Johnstone nos ayuda a comprender mejor los roles de estatus, los impulsores ocultos (aunque evidentes) de todos los elementos de la cultura.

En el rebaño siempre hay un perro alfa. Y toda camada tiene su animal más menudo.

Los roles de estatus determinan quién comerá primero en la manada de leones y quién beberá primero en el oasis.

En la cultura humana, encontramos roles de estatus siempre que hay más de un ser humano presente. Existen en las citas (quién paga la cuenta) y en la sala de juntas (quién entra primero, quién se sienta dónde, quién habla, quién decide, quién es el responsable).

Mi ejemplo favorito, el que plasma la esencia de lo que quiere exponer Johnstone, se encuentra fácilmente si visitas YouTube y buscas la primera escena de *El Padrino*.

En esa escena, Amerigo Bonasera, el enterrador, un hombre pequeño, demacrado y exhausto, vestido con un insulso traje negro, acude a visitar al Padrino el día de la boda de su hija.

En cuestión de segundos, la escena queda clara.

Bonasera, un hombre de clase inferior (¿cómo no podría ser más inferior?), acude a visitar a Don Corleone, de clase superior, un hombre que ha dedicado toda su vida a garantizar su posición en la cumbre del estatus social.

Pero, en un día de boda, la tradición es que el Padrino otorgue cualquier favor que le sea solicitado.

Durante solo unos minutos, el mundo está al revés.

Bonasera le pide a Don Corleone que cometa un acto violento contra los hombres que le hicieron daño a su hija. Los vínculos familiares lo empujan a correr un riesgo enorme, a subir su estatus a expensas del Padrino. Y, para empeorar las cosas, se ofrece incluso a pagarle a Corleone, a transformar al patriarca en un matón.

Oh, la tensión.

En ese momento, la vida del enterrador está en peligro. Ha ido demasiado lejos. El orgullo de padre lo ha empujado hasta una zona en la que el Padrino no puede operar. El Padrino no puede hacerle ese favor, y mantiene su estatus, y el estatus corre por sus venas.

El orden normal se restaura en cuestión de segundos mediante una escena de *jiu-jitsu* notablemente dirigida, y la escena termina con el enterrador inclinándose ante el Don y besando su anillo, jurándole lealtad.

Bonasera alivia la tensión regresando a su lugar en la jerarquía de estatus.

EL ESTATUS NOS CONFORMA

El estatus es nuestra posición en la jerarquía.

Es también nuestra percepción de dicha posición.

El estatus nos protege.

El estatus nos ayuda a conseguir lo que queremos.

El estatus nos da la ventaja para hacer realidad el cambio.

El estatus es un lugar donde esconderse.

El estatus puede ser tanto un regalo como una carga.

El estatus crea una narrativa que cambia las opciones que percibimos, altera nuestras decisiones y socaba (o apoya) nuestro futuro.

Y el deseo de cambiar nuestro estatus, o de protegerlo, impulsa prácticamente todo lo que hacemos.

CASO DE ESTUDIO:
LOS LEONES Y LOS GUERREROS MASÁIS

¿Cómo salvar a los leones de Kenia y Tanzania?

La bióloga conservacionista Leela Hazzah comprendía que las intrusiones que sufren en su entorno complica la supervivencia de los leones. Pero también sabía que, para muchos masáis, el rito de iniciación para los varones adolescentes consiste en matar un león. Esta exhibición de valentía estaba poniendo una presión importante sobre la población de leones. Se estima que solo hay unos treinta mil ejemplares en la región, una cifra muy inferior a los doscientos mil que había hace tan solo un par de generaciones.

Pero ni todos los argumentos racionales del mundo son capaces de cambiar unas creencias arraigadas tan profundamente, incluso en esa comunidad. Todos llevamos en nuestro interior la necesidad de estatus (como padre, como joven adulto). De modo que la doctora Hazzah y su equipo decidieron trabajar con el objetivo de establecer nuevas creencias culturales que estuvieran construidas sobre los deseos humanos básicos.

Como vimos en la historia de la broca de 0,5 milímetros, la acción no siempre está conectada claramente con la emoción deseada. En el caso de los masáis, los objetivos culturales son vincular a los miembros de la comunidad, crear sentimientos de empoderamiento y posibilidad, inculcar valentía y paciencia y tener un rito de iniciación importante. Elevar el estatus del niño cuando se transforma en hombre.

Ninguno de estos objetivos está directamente relacionado con matar un león. Matar un león no era más que un artefacto histórico.

Trabajando con los masáis desde dentro de su sistema cultural, la doctora Hazzah y su equipo introdujeron un nuevo rito de iniciación y construyeron influencias culturales a su alrededor. En vez de demostrar su valentía y su paciencia matando un león, los jóvenes miembros de la cultura masái demuestran ahora esas habilidades salvando un león.

Según explican: «La conservación de la vida salvaje se ha centrado tradicionalmente en la vida salvaje, no en las personas. Como

Guardianes de los Leones, adoptamos ahora la estrategia opuesta. Llevamos casi una década trabajando con las comunidades locales para proteger a los leones y mejorar [...] la conservación de la comunidad combinando los conocimientos y la cultura tradicionales con la ciencia».

Ahora, los masáis localizan y ponen nombre a los leones, realizan un seguimiento de los animales y utilizan la telemetría para llevar a cabo un censo. Proteger un león se ha convertido en un rito de iniciación, el cual ha sustituido la antigua tradición de matarlos.

LA DINÁMICA DEL ESTATUS SIEMPRE ESTÁ PRESENTE

Una vez se ha visto, ya no es invisible. Imaginemos que un policía para a un motorista por haberse saltado una señal de *stop*. ¿Quién tiene estatus en una situación así?

Ese mismo motorista entra en su oficina y empieza a gritarle órdenes a la recepcionista. ¿Quién tiene el estatus?

El choque de roles de estatus se produce en cualquier burocracia que solo sepa cómo medir los cambios de estatus de hoy.

Los papeles que fácilmente adoptamos en la universidad —el payaso de la clase, el hombre que manda en el campus, el estudiante de sobresalientes— son roles de estatus. Y hay que recordar cómo defendíamos estos roles, incluso cuando teníamos la oportunidad de cambiarlos.

Cuando el profesional del marketing presenta su nueva idea, su oportunidad, la oferta de hacer realidad un cambio, desafía siempre nuestro estatus. Tenemos la posibilidad de aceptar su oferta (y subir o bajar de estatus, dependiendo de la historia que nos contemos) o de rechazarla y vivir con la tensión que implica alejarnos de ella.

Creer que todo el mundo quiere subir de estatus es un error. De hecho, poca gente lo consigue. También es un error creer que nadie quiere bajar de estatus. Si has estado condicionado a verte con un determinado estatus, podrías luchar por mantenerlo e incluso por bajarlo.

El profesional del marketing inteligente empieza por darse cuenta de que hay personas abiertas y con ganas de cambiar de estatus (hacia arriba o hacia abajo), mientras que otras lucharán como locas para mantener su rol.

ESTATUS NO ES LO MISMO QUE RIQUEZA

En determinados círculos, un columnista ganador de un premio Pulitzer tiene mucho más estatus que yo. Un médico que dirige un hospital prestigioso podría tener más estatus que un rico cirujano plástico. Y el maestro de yoga de un pequeño pueblo de la India tiene más estatus que el hombre más rico de la ciudad, al menos para sus seguidores.

En las últimas décadas, nos hemos vuelto más perezosos en nuestros matices para otorgar estatus y preferimos que esté relacionado con los dólares de una cuenta bancaria o el número de seguidores *online*. Pero el estatus sigue adoptando muchas formas.

SEIS COSAS SOBRE EL ESTATUS QUE TENER EN CUENTA

1. *El estatus siempre es relativo.* A diferencia del sentido de la vista, de la fuerza física o del saldo bancario, aquí da igual dónde te sitúes en la escala absoluta. Se trata de la percepción de estatus en relación con los demás del grupo. Así, 6 es mayor que 4, pero inferior a 11. El número más alto no existe.

2. *El estatus está en los ojos de quien lo observa.* Si la gente externa te ve como una persona con estatus bajo, pero en tu narrativa interna te consideras de estatus alto, ambas percepciones son ciertas, en distintos momentos, para distintas personas.

3. *El estatus al que se presta atención es el estatus importante.* El estatus es relevante cuando intentamos mantenerlo o cambiarlo. Para mucha gente, el estatus ocupa en su cabeza un lugar prominente en cualquier interacción. Pero solo importa cuando la persona con la que interactuamos también lo considera relevante.

4. *El estatus tiene inercia.* Es más probable que trabajemos para conservar nuestro estatus (sea alto o bajo) que para intentar cambiarlo.

5. *El estatus se aprende.* Nuestras creencias sobre el estatus empiezan temprano. Pero, aun así, el grupo que nos acompaña puede influir en nuestra percepción sobre nuestro estatus en muy poco tiempo.

6. *La vergüenza mata el estatus.* La razón por la que la vergüenza se utiliza a modo de palanca es muy simple: funciona. Si aceptamos la vergüenza que puedan interponer en nuestro camino, nuestra narrativa sobre el estatus relativo quedará mermada.

Adaptamos nuestro estatus constantemente, jugamos intuitivamente con él según la situación en la que nos encontramos. Y, cuando lanzas tu trabajo al mercado, nada pasa por delante de los roles de estatus.

FRANK SINATRA TENÍA MÁS DE LO QUE APARENTABA

Frank Sinatra vivía dos vidas, en tremendo conflicto entre ellas. Tal y como escribió Gay Talese, el mundo exterior lo veía en la cúspide, como la definición de lo afable y lo sofisticado. Era una persona poderosa e influyente, de estatus elevado, un hombre serio, un tipo único.

Pero, cuando se miraba al espejo, Frank veía un niño flacucho de estatus bajo, al que nadie respetaba, que apenas tenía dónde agarrarse. Se rodeó de personas sumisas y de sicofantes, pero siguió teniendo berrinches que saboteaban su personalidad y llevando una vida miserable que su fama, su fortuna y su buena salud no dejaban ver.

Hay que tener presente que en el momento en que incorporamos el estatus al marketing, empezamos a andar sobre una capa de hielo muy fina. No sabemos si la persona con la que interactuamos tiene un estatus alto, y no se lo cree, o sí se lo cree y quiere aumentarlo.

Y no está claro que tengamos muchas alternativas..., porque toda gran decisión se toma con base en nuestra percepción del estatus.

APRENDER A VER EL ESTATUS

El concepto de estatus no es ni mucho menos tan sencillo como parece. En primer lugar, respecto a aquellos a quienes buscas ofrecer tus servicios, tendrás que entender tanto su estatus externo (como los ve la comunidad en la que viven) como su estatus interno (cómo se ven ellos cuando se miran al espejo).

A continuación, entiende cómo mantienen o intentan cambiar ese estatus. ¿Denigran a los demás? ¿Buscan su aprobación? ¿Se ayudan entre ellos de manera desinteresada? ¿Se impulsan para conseguir más? ¿Qué tipo de pérdidas y ganancias persiguen? Plantéate crear un gráfico XY como el que sigue.

Las personas que ocupan el cuadrante superior derecho (a) son muy pocas. Este espacio pertenece a las personas consideradas poderosas por los demás y que se ven también a sí mismas como capaces de serlo. Como ejemplo, pondría a Oprah Winfrey en esta categoría. Es una persona capaz de elegir, no que espera a ser elegida.

El cuadrante superior izquierdo (d) es más común, puesto que las personas que acaban teniendo un estatus elevado, dudan a menudo de sí mismas. Lo cual puede convertirlas en divas. Las mejores historias sobre Frank Sinatra giran en torno a la yuxtaposición del estatus elevado que perciben los demás y la necesidad de autoafirmación. El síndrome del impostor se ubica aquí.

Estatus percibido alto

d.   a.

Estatus personal bajo   Estatus personal alto

c.   b.

Estatus percibido bajo

El cuadrante inferior derecho (b) es para la gente que se considera a sí misma mucho mejor de cómo la considera el resto del mundo. Ahí es donde podemos encontrar el impulso artístico y la voluntad de luchar para mejorar. Aunque, con el tiempo, puede acabar generando amargura.

Y, finalmente, el cuadrante inferior izquierdo (c) es donde se ubica la gente que se considera poco merecedora de nada (y el mundo está de acuerdo con esa opinión). Por mucho que aparentemente pueda parecer un lugar triste, es también un espacio consistente, razón por la cual este rol está incrustado en la cultura jerárquica. Es Cenicienta antes del baile, una chica que jamás esperaría que se le presentara la oportunidad de poder ser algo más. Es el minero, que lucha por mantener un puesto de trabajo peligroso y mal pagado.

Pero, antes de iniciar el análisis, estudiemos otro gráfico.

Buscan mantenerse arriba/subir

4.		1.
Se capacitan a sí mismos/degradan a los demás		Capacitan a los demás
3.		2.

Buscan mantenerse abajo/bajar

En muchas interacciones, la gente busca cambiar su estatus relativo, bien modificando su estatus hacia arriba en comparación a sus semejantes, o buscando seguridad, lo que consiguen haciendo renuncias y bajando de estatus.

Bajar de estatus genera seguridad porque hay más espacio y menos amenazas. Hay menos gente peleándose por tener una vista mejor o la oportunidad de comer antes que nadie.

La gente es tremendamente consciente de su estatus relativo. Podemos subir o bajar de estatus. Podemos hacerlo ayudando/empujando a los demás a subir o bajar. Podemos abrirles la puerta y permitirles que mejoren su estatus, o podemos consagrar nuestro tiempo a denigrar a los demás o a subir nuestro estatus.

En el cuadrante 1, tenemos al filántropo, al maestro comprometido y al defensor de la justicia social. Esa gente busca mejorar su estatus exhibiendo el poder necesario para concentrarse en aquellos que tienen un estatus inferior en vez de hacerlo en su propia persona. Es el ejemplo de Superman. Podría haberse dedicado a robar bancos, pero se consagró a salvar vidas.

En el cuadrante 2 vemos una conducta similar, pero por un motivo distinto. Es la persona que no solo deja pasar delante a la gente que hace cola, sino que ni siquiera se molesta en intentar desempeñar otro rol porque considera que los demás se lo merecen más que ella.

El cuadrante 3 lo ocupa el personaje antisocial, que presenta al mundo un narcisismo nocivo e infantil. Está rabioso, sabe que no puede dar la talla, pero derriba a todo aquel que lo rodea. O. J. Simpson y Martin Shkreli estarían aquí.

Y en el cuadrante 4 se sitúa la persona energética y egoísta que ansía desesperadamente ganar siempre y que está dispuesta a conseguirlo con una combinación de creacion de valor y aplastamiento de la competencia.

DISTINTOS RELATOS PARA DISTINTAS PERSONAS

Todos tenemos nuestro relato. Ese sonido que se repite en nuestra cabeza, una visión del mundo única para cada uno de nosotros, la historia, las creencias y las percepciones que conforman quiénes somos y qué elegimos. Y como «sonder» definimos el acto generoso de aceptar que los demás no quieren, no creen y no saben lo que nosotros queremos, creemos y sabemos, que no escuchan en su cabeza los mismos sonidos que escuchamos nosotros.

Pero, para ofrecer nuestro cambio al mundo, necesitamos hacer algunos supuestos sobre lo que los demás creen. Escuchar los sonidos de sus cabezas es imposible, pero lo que sí podemos hacer es observar cómo actúan y, a partir de ahí, sacar conclusiones y realizar supuestos.

En nuestra cultura hay un cisma. En diversos momentos, hay dos bandos que se cuentan historias muy distintas y se comportan, en consecuencia, de forma distinta: 1) la población que por defecto, en determinados escenarios, tiende al dominio; y 2) los que buscan afiliación.

LA AFILIACIÓN Y EL DOMINIO SON FORMAS DISTINTAS DE CONSIDERAR EL ESTATUS

Cualquier búsqueda de «el tipo más agradable de Hollywood», nos da como resultado una imagen de Tom Hanks. Y cualquier búsqueda de «El Padrino», nos da una imagen del Don Corleone de la ficción.

A Tom Hanks le importa la afiliación. Don Corleone prefería la dominación.

Apreciar esta diferencia sirve para desbloquear la comprensión de nuestro mundo, de nuestro paisaje político, y para entender cómo los clientes ven las cosas. Esta sección de nuestro viaje está llena de personajes, narrativas y exageraciones sobre cada visión del mundo.

Afiliación:
Las preguntas que cualquier persona preocupada por la afiliación se formula, y que formula a quienes le rodean, son:

> ¿Quién te conoce?
> ¿Quién confía en ti?
> ¿Has mejorado cosas?
> ¿Cómo es tu círculo?
> ¿Dónde te sitúas dentro de la tribu?
> ¿Nos llevamos bien todos?

Dominio:
Las preguntas y afirmaciones que alguien preocupado por el dominio se ofrece a sí mismo y a quienes le rodean son:

Esto es mío, no tuyo.

¿Quién tiene más poder?

Esto lo he hecho yo.

Mi familia necesita más de lo que ya tenemos.

Que mi bando domine tu bando significa que no tengo que estar al mando, siempre y cuando mi líder esté ganando.

Cuando un niño de doce años está en el campo de fútbol, lo único que le importa es ganar. Y no solo ganar, sino derrotar a la oposición. Con tal de ganar, impugnará los motivos que pueda defender el árbitro, pataleará y no se callará nada.

A ese mismo niño le traerá sin cuidado ser el primero de la clase, pero sí le importará mucho quién se siente a su lado en el autobús escolar.

En la banda de *jazz*, uno de sus componentes llevará la cuenta del número de solos que toca, mientras que lo que preocupará a otro será ayudar a que el grupo mantenga la sincronía.

¿Qué busca en este momento la gente a la que pretendes ofrecer tus servicios? ¿Qué es lo que considera más importante?

Si quieres ofrecer tus servicios a alguien que se mide según el dominio o la afiliación, tendrás que ser consciente de qué es lo que consideran importante y por qué.

Las preguntas «¿quién come primero?» y «¿quién se sienta más cerca del emperador?» persisten hoy en día. Ambas son preguntas relacionadas con el estatus. Una implica dominio; la otra, afiliación.

No simplemente comer primero, sino estar en el mismo equipo de la persona que come primero. Y tener el placer de ver cómo los demás comen los últimos.

No simplemente sentarse cerca del emperador, sino saber que disfrutarás de sus gracias (y de las del resto de la corte real) también mañana.

¿Cuál de estas narrativas tiene más sentido para tu público?

APRENDE DE LA LUCHA LIBRE PROFESIONAL

¿Qué es la lucha libre profesional, sino una batalla por el estatus?

No solo entre los luchadores, sino también entre los fans. Porque, cuando tu héroe asciende, también asciendes tú.

Si logras ver a través de la lente que los luchadores profesionales y sus fans utilizan para ver el mundo durante el combate, podrás comprender también cómo verá la gente tu oferta.

LA ALTERNATIVA AL DOMINIO ES LA AFILIACIÓN

Podemos ganar estatus sin ser propietarios de un pozo petrolífero o de una fábrica. Y podemos disfrutar de estatus tanto dejando entrar a alguien en la corriente de tráfico como impidiéndole el paso.

Me refiero al estatus que ofrece la comunidad. Al estatus de respeto a cambio de contribución, a cambio de cuidados, a cambio de estar en sincronía con los demás. Sobre todo cuando estas contribuciones se hacen a gente que no tiene medios para devolvértelas.

La sociedad moderna, la sociedad urbana, la sociedad de internet, de las artes y de la innovación, se construye principalmente sobre el pilar de la afiliación, no del dominio.

Este tipo de estatus no gira en torno a «soy el mejor», sino en torno a «estoy conectado, soy familia». Y en una economía basada en las conexiones, no en la fabricación, ser un miembro valorado de la familia no tiene precio.

LA MODA ES NORMALMENTE UNA CUESTIÓN DE AFILIACIÓN

¿Qué espectáculo dan? ¿Qué hacen los demás? ¿Es esta la temporada?

En los mercados competitivos, siempre hay una carrera para ser la voz dominante, pero, entre los clientes que conforman ese mercado, la posición del líder funciona gracias al deseo de los clientes de sentir afiliación entre ellos.

El líder proporciona una señal valiosa, una noticia que todos los demás esperan para estar en sincronía. El objetivo no es ganar, sino formar parte del grupo.

ENVIAR SEÑALES DE DOMINIO

Uber construyó su marca basándose en el dominio. Durante sus primeros años, su despliegue estuvo marcado por una relación contenciosa con los ayuntamientos, los competidores y los conductores. Esta forma de actuación estaba en línea con la visión de algunos inversores, empleados y usuarios, y permitió a Uber replicar su relato y su forma de contarlo. Hay determinados clientes, socios y empleados que responden mejor a una narrativa de vencedores y vencidos.

¿Para qué tipo de compañía quieres trabajar? A las personas que están en línea con una determinada visión del mundo suele costarles mucho imaginarse por qué otra persona elegiría una visión del mundo alternativa.

ENVIAR SEÑALES DE AFILIACIÓN

Los profesionales del marketing dedican una cantidad impresionante de tiempo y dinero a la sencilla tarea de enviar señales de afiliación. ¿Cuánta gente pasa por el estand de la feria? ¿Quién más está presente en la cena? ¿Quién ha hecho comentarios sobre el libro? ¿Está la gente hablando del tema? (Esto último es una forma abreviada de decir: «¿Está la gente como nosotros haciendo algo como esto?».)

La afiliación no se centra tanto en el dominio como la escasez, porque la afiliación admira el efecto «red de contactos». Más afiliación provoca afiliación para todos los implicados. La abundancia es bienvenida.

El profesional del marketing afiliado que busca influir con su trabajo trata de prender la mecha enviando las señales adecuadas a la gente adecuada, en busca de un efecto cascada. Para un banco de inversión, esto significa publicar los anuncios de sus transacciones dejando constancia de los nombres de todas las firmas «correctas» que apoyan la transacción en cuestión. Para una empresa cuyo negocio es vender a otras empresas, esto significa crear referencias. Para un artesano local, significa instalarse con solidez en un barrio hasta garantizarse una reputación.

El dominio es una experiencia vertical, en sentido ascendente o descendente. La afiliación es horizontal: ¿quién está situado a mi lado?

QUE SEA AFILIACIÓN O DOMINIO ES ALGO QUE DEPENDE DEL CLIENTE, NO DE TI

¿Ves el mundo en términos de vencedores y vencidos? ¿De los de arriba y los de abajo? ¿O lo ves más en términos de elementos internos y externos, de estar en sincronía, de formar parte de un movimiento?

Tu forma de ver el mundo no es ni mucho menos tan importante como la visión del mundo de aquellos a quienes pretendes ofrecer tus servicios.

Como hemos visto, su visión del mundo siempre es más fuerte que la historia que tú decidas contarles. La gente a la que aspiramos ofrecer nuestros servicios tiene un ruido en su cabeza distinto a nuestro ruido.

12. Un plan de negocios mejor

¿HACIA DÓNDE VAS? ¿QUÉ TE ESTÁ RETENIENDO?

No tengo claro por qué los planes de negocios son como son, pero lo que sí sé es que a menudo se utilizan incorrectamente para ofuscar, aburrir y mostrar la habilidad para cumplir con las expectativas. Si quiero conocer la verdad sobre un negocio y comprender hacia dónde va, preferiría ver un documento más útil. Y dividiría este plan de negocios moderno en cinco secciones:

Verdad   Gente
Declaración de intenciones   Dinero
Alternativas

La sección de la verdad describe el mundo tal y como es. Hazlo a modo de nota al pie, si así lo quieres, pero cuéntame cosas sobre el mercado en el que quieres entrar, las necesidades que existen, los competidores que se mueven en tu espacio, los estándares tecnológicos y cómo otros han alcanzado el éxito y han fracasado en el pasado. Cuanto más concreto, mejor. Cuantos más conocimientos básicos de este estilo, mejor.

Cuanto más viscerales sean las historias, mejor. El objetivo de esta sección es asegurarse de que tienes claro cómo ves el mundo, y que tú y yo estamos de acuerdo en tus supuestos. Esta sección no es partisana, no toma posiciones; simplemente expone cómo están las cosas.

La verdad puede ocupar todo lo que consideres necesario para contarla. Puede incluir hojas de cálculo, análisis de cuota de mercado y todo aquello que yo necesite saber sobre cómo funciona el mundo.

La sección de declaración de intenciones es tu oportunidad para describir cómo vas a cambiar las cosas. Haremos X; luego, sucederá Y. Construiremos Z con este dinero y en este tiempo. Presentaremos Q al mercado, y el mercado responderá haciendo esto.

Contando historias estás generando tensión. Estás ofreciendo tus servicios a un mercado concreto. Estás esperando que, gracias a tu llegada, suceda alguna cosa. ¿Qué?

Este es el corazón del plan de negocios moderno. La única razón que nos lleve a lanzar un proyecto al mercado tendría que ser provocar un cambio, mejorar la situación, y queremos saber qué es lo que tú piensas hacer y qué impacto tendrá.

Será, naturalmente, una sección con imprecisiones. Harás una declaración de intenciones que no está cerrada. No mencionarás presupuestos, fechas y cifras de ventas. Por lo tanto, la sección de las alternativas me explicará todo lo que harás si eso sucede. ¿Cuánta flexibilidad tiene tu producto o tu equipo? Si tus intenciones no se hacen realidad con éxito, ¿se acabó todo?

La sección sobre la gente se ocupa del elemento clave: ¿quién integra tu equipo y quién se sumará a tu equipo? «Quién», no se refiere al currículo que pueda tener esa gente, sino a sus actitudes, sus capacidades y su historial de efectividad.

Y en esta sección puedes llegar más lejos. ¿Quién es la gente a quien pretendes ofrecer tus servicios? ¿Quiénes son sus defensores? ¿Cuáles son sus creencias con respecto al estatus? ¿Qué visión del mundo tienen?

La última sección es sobre el dinero. Cuánto necesitarás, cómo lo gastarás y cómo se plantean el flujo de caja, los beneficios y las pérdidas, los balances anuales, los márgenes y las estrategias de salida del negocio.

Es posible que la persona que aporte el capital riesgo no le guste este formato, pero me apuesto lo que quieras a que ayudará a tu equipo a reflexionar con mayor claridad sobre los potenciales problemas.

ES POSIBLE QUE HAYAS VISTO YA LA VARIACIÓN EN EL CONCEPTO

Es muy probable que al abrir este libro hayas dicho: «Tengo un producto y necesito que la gente lo compre. Tengo un problema de marketing».

A estas alturas, confío en que te hayas dado ya cuenta del carácter industrial y egoísta de esta declaración de intenciones. El objetivo de nuestra cultura no es facilitar el capitalismo, ni siquiera el capitalismo que sirve para pagar nuestras facturas. El objetivo del capitalismo es construir nuestra cultura.

Esa variación de concepto se producirá cuando hayas adoptado una postura de servicio, de comprometerte con la cultura para hacer realidad el cambio.

Ahora, en vez de preguntarte: «¿Cómo puedo conseguir que me escuche más gente, cómo puedo hacer correr la voz, cómo puedo encontrar más seguidores, cómo puedo transformar más ofertas en ventas, cómo puedo encontrar más clientes, cómo puedo pagar a mis empleados...?», podrás preguntarte: «¿Qué cambio quiero hacer realidad?».

En cuanto sepas qué es lo que estás defendiendo, el resto se volverá mucho más fácil.

UN EJERCICIO SIMPLISTA DE INGENIERÍA INVERSA DE TU DECLARACIÓN DE OBJETIVOS NO SIRVE PARA NADA

Con demasiada frecuencia nos aferramos a nuestro objetivo, a nuestro por qué, a nuestra razón de ser. Y también con demasiada frecuencia ese objetivo es simplemente una forma simple de decir: «Me gustaría vender más de lo que ya he decidido vender».

Según mi experiencia, muchos profesionales del marketing comparten el mismo «objetivo». Tener éxito. Comprometerse con la gente de un modo que beneficie a ambas partes. Ser respetado, ser visto, ser valorado. Obtener beneficios suficientes como para volver a hacerlo.

Ese es tu porqué. Esa es la razón por la que vas a trabajar.

Vale, entendido.

Pero un plan de negocios mejorado parte de esa necesidad universal y la hace concreta, puesto que describe para quién y para qué es. Detalla la tensión que pretendes crear, los roles de estatus con los que vas a comprometerte y esa historia que piensas aportar y que hará realidad el cambio.

Eso no es tu objetivo. Eso no es tu misión. Es simplemente lo que haces.

Si no sale bien, no pasa nada. Si no funciona, no querrá decir que no tengas un objetivo ni que tu «porqué» esté condenado al fracaso. Significará que habrás descartado un camino más en tu viaje hacia lo que consideras importante.

Y que tendrás que buscar otro.

13. Semiótica, símbolos y jerga

¿ME OYES AHORA?

Comunicamos mediante símbolos. Las letras «C-O-C-H-E» no son ni el icono de un coche, ni la imagen de un coche. Son un sustituto, un símbolo que, si conoces el idioma en que está escrito, te lleva a pensar en un coche.

Nike gastó miles de millones de dólares para enseñar a millones de personas que su famosa «V», el «swoosh», es un símbolo de posibilidad y logro humanos, así como de estatus y rendimiento.

Si eres diseñador, entenderás la fuente Comic Sans como un símbolo de mal gusto, estatus bajo y pereza.

Los profesionales del marketing tienen la humildad necesaria para comprender que no todo el mundo ve los símbolos de la misma manera, los conocimientos necesarios para elegir el símbolo adecuado para cada público y las agallas necesarias para inventar nuevos símbolos que sustituyan a los viejos.

Hace cien años, la semiótica estaba en pañales. No era algo que hicieran miles de millones de personas al día, cada día, como sucede cuando realizamos campañas de marketing *online*. En la actualidad, nuestra capacidad para poder hacer esto con alguna intención (o con ingenua intuición) puede marcar la diferencia entre el éxito y el fracaso.

¿A QUÉ TE RECUERDA ESTO?

A la gente ocupada (es decir, a la gente que pretendes cambiar) no le importa tanto tu trabajo como te importa a ti. No está tan al corriente de las circunstancias como puedas estarlo tú, ni es consciente del paisaje competitivo en que te mueves, ni de los dramas que se desarrollan entre bambalinas.

Echamos un vistazo a nuestro alrededor, pero no estudiamos nuestro entorno.

Y mientras vamos echando ese vistazo, nos vamos preguntando: «¿A qué me recuerda esto?».

Lo cual significa que tanto el logotipo que utilices, como las historias que cuentes y el aspecto que tenga tu trabajo, son muy importantes. Tus palabras hacen mella en nosotros, no solo por lo que significan, sino por cómo suenan y por cómo las utilizas.

No es solo el material. Es incluso el modo en que dispongas la sala para la reunión externa de tu compañía.

Si nos recuerda una cafetería de instituto, sabemos cómo actuar. Si se trata de unas cuantas mesas redondas colocadas como para jugar a las cartas, sabemos cómo actuar. Y si hay filas y filas de sillas tipo hotel colocadas en líneas horizontales, sabemos cómo sentarnos y actuar.

Tú no nos importas, ni nos importa lo duro que hayas podido trabajar. Lo que queremos saber es si lo que nos ofreces es para nosotros y si tú eres la bomba.

Esto es semiótica. Banderas y símbolos, atajos y claves secretas.

¿Cambian el sonido de la música las luces parpadeantes en el escenario de un concierto de *rock*? Tal vez sí, porque nos recuerdan que estamos en un concierto de *rock*.

Cuando tenemos un periódico en la mano, la sensación es distinta a cuando tenemos en las manos una tablet, o, un libro de cómics o una Biblia. La forma cambia el sonido de las palabras.

Una tableta de chocolate tiene una presencia distinta a un fármaco de quimioterapia.

Cuando entramos en una consulta médica que nos hace sentir como si estuviéramos en la consulta de un cirujano, recordamos cómo nos ayudó aquel cirujano..., aunque la consulta sea de un quiropráctico.

Cuando elegimos un libro que parece autoeditado, lo tratamos de manera distinta a un libro que nos recuerda un clásico que leímos en el instituto.

Cuando recibimos una llamada y escuchamos esos clics y esas pausas reveladoras antes de que el desconocido del otro extremo de la línea empiece a hablar, recordamos todas las llamadas automáticas y llamadas basura que hemos recibido y colgamos antes de que esa persona pronuncie la primera palabra.

Y cuando la página web está diseñada con GeoCities e incluye GIF parpadeantes...

Si algo en ti me recuerda a una estafa, tardaré mucho tiempo en deshacer esa primera impresión. Es precisamente por eso, que los logos de muchas grandes compañías son similares. No es una cuestión de pereza. Sino que los diseñadores intentan recordarnos que se trata de empresas sólidas.

Esa es la gracia del «me recuerda a». Puedes hacerlo con toda intención.

CONTRATAR UN PROFESIONAL

Internet está llena a rebosar de páginas web, mensajes de correo electrónico y videos hechos por aficionados. Aficionados que han diseñado algo que era de su agrado.

Lo cual está muy bien.

Pero lo que un profesional hará por ti será diseñar algo que sea del agrado de los demás. Creará una imagen y una percepción que le recuerde a la gente algún tipo de magia.

La imagen profesional única no existe, no existe una única respuesta correcta. Un éxito de taquilla de verano tendrá un número de fotogramas por segundo de carácter profesional y no tendrá nada que ver con un video de YouTube creado por una adolescente que aspira a gurú del maquillaje.

De vez en cuando, el aficionado encuentra una jerga que logra recordar la historia adecuada a la gente adecuada. Pero, el resto de las veces, es mejor hacerlo con intención.

IMAGÍNATE UN MUNDO...

Don LaFontaine hizo más de cinco mil grabaciones de voz en *off* para cine y televisión. Y no era porque tuviera más talento hablando que los demás, ni porque fuera el más barato. Era porque su voz presentaba una ventaja añadida, y si un jefe de estudio quería recordarle al público una película de gran éxito, la voz de Don podía hacerlo, precisamente porque al escucharla recordabas sus anteriores trabajos.

Es importante tener presente que lo que a ti (el profesional del marketing) te recuerde tu trabajo da igual. A los semióticos les da igual quién creó el símbolo. El símbolo está en la cabeza de la persona que lo mira.

Y lo más importante es tener presente, una vez más, que la respuesta correcta única no existe. Que el símbolo que funciona para un grupo no funcionará para otro. En Silicon Valley, la sudadera con capucha es un símbolo de estatus («estoy tan ocupado que no tengo ni tiempo de ir de tiendas»). Pero, en otro contexto, para un público distinto, en un barrio periférico de Londres, por ejemplo, una sudadera con capucha podría poner al transeúnte en estado de alerta en vez de tranquilizarlo.

¿POR QUÉ LA «ESTAFA NIGERIANA» ES TAN CHAFA?

Si has recibido un mensaje de correo electrónico remitido por un príncipe que se ofrece a repartirse contigo millones de dólares, es posible que las faltas de ortografía y otros detalles te hayan dado pistas para intuir que se trata de un timo.

Pero ¿por qué estafadores tan sofisticados cometen fallos tan evidentes?

Porque no es para ti. Porque están enviando una señal a gente escéptica, cuidadosa y bien informada: vete.

El objetivo de ese correo electrónico es enviar una señal. Una señal dirigida a los avariciosos y a los crédulos. Porque incorporar a todo el mundo en el proceso significaría una pérdida de tiempo para los estafadores. Prefieren perderte a ti desde un buen principio que invertir en ti y perderte al final.

LAS BANDERAS DE LOS SUV SE LLAMAN SALPICADERAS

En 2018, cuanto más caro es un coche, más probable es que tenga salpicaderas exageradas para proteger las ruedas.

En la actualidad, la fabricación de estas salpicaderas es más sencilla que antes (los robots se dedican a hacer el trabajo), pero siguen siendo un significante. Un mensaje que nos habla sobre el estatus del coche y su conductor.

En realidad, no tienen ninguna función. Las salpicaderas están a más de quince centímetros del neumático. Pero siguen estando presentes.

Y en el mercado de repuestos de automóvil, se pagan cantidades impresionantes por salpicaderas más grandes para realizar lo que podría considerarse una operación de cirugía estética de aumento de volumen para el coche.

Pero si exageras en el aumento, el público lo verá como un descenso de estatus. Igual que sucede con la cirugía estética.

El Cadillac XTS va aún más lejos. Sus luces traseras van protegidas con una minúscula salpicadera. Sin ningún propósito útil, excepto el de que algunos rememoren, aunque sea solo un poco, el Batmobile (o el Lincoln Futura de 1955).

Estos estandartes indicadores de estatus están por todas partes.

Alex Peck señala que los guantes para conducir tienen un gran agujero en su parte posterior. ¿Por qué? Quizá es un recuerdo de cuando se llevaban relojes muy grandes y el guante necesitaba ese agujero para que el reloj pudiera asomar por allí.

Con el tiempo, nos fuimos olvidando de los relojes grandes, pero conservamos el agujero. Es un símbolo.

Estas características, que en su día tuvieron una utilidad, se han convertido en símbolos, y en cuanto un símbolo se hace conocido (como los diminutos detalles de un bolso de Hermès), rápidamente se copia, se manipula y se difunde, hasta que deja de ser escaso y se convierte, entonces, en una simple señal de un cambio de gustos.

¿Cuál es tu bandera? ¿Por qué alguien estaría dispuesto a agitarla?

LA BANDERA NO ES PARA TODO EL MUNDO

Merece la pena reafirmar que el mercado mínimo viable nos da libertad para elegir a quién queremos ofrecer nuestros servicios. Gente que está buscando un determinado símbolo. Si has elegido bien tu mercado, es probable que el símbolo que sus integrantes estén buscando sea bastante distinto del símbolo que funcionaría para un público más grande.

Lo cual presenta una paradoja. Si queremos hacer realidad un cambio, necesitamos en primer lugar aferrarnos a algún extremo. Porque a menudo nuestra innovación recuerda a la gente (a alguna gente) un hecho del pasado que acabó yendo mal. Empecemos ofreciendo nuestros servicios a un público que se sienta cómodo con eso, porque es el único público que brindará una oportunidad a nuestra innovación.

Emite una señal que despierte las mismas sensaciones que un símbolo que ya conocemos, y luego cámbiala lo suficiente como para que sepamos que es nueva, y que es tuya.

LO MISMO Y LO DISTINTO

La mayoría de los coches tienen un aspecto muy similar. Y ello es debido a que esta similitud emite una señal que nos dice que el coche que estamos considerando comprar es un coche que vale la pena tener en cuenta, que es una alternativa segura para una inversión grande de dinero.

Los anuncios de moda que se publican en *Vogue* no tienen nada que ver con los anuncios que aparecen publicados en *Field & Stream* o *Sports Illustrated*. ¿Por qué? Porque la jerga importa. Tú no eres gente como nosotros si no «hablas» (y con «hablar» me refiero a tipos de letra, estilos de fotografía, de texto) como esperamos que «hables».

Y esto es lo que te ofrecerá un buen diseñador. La oportunidad de encajar.

Y a veces, sin embargo, elegirás un diseñador sobresaliente. Alguien capaz de romper las expectativas y hablar de manera distinta, aunque no tan distinta como para no tener sentido para aquellos con quienes pretendes conectar.

Cuando Lee Clow, el gurú de la publicidad, decidió utilizar el imaginario de la novela *1984*, de George Orwell, para crear el anuncio de televisión más emblemático de todos los tiempos, prácticamente nadie de los que vio ese anuncio de Apple en el intermedio de la Super Bowl entendió todas las referencias. (Habían leído el libro en el instituto, pero, si quieres tener un impacto sobre cien millones de hinchas deportivos bebedores de cerveza, un libro de lectura obligatoria en el instituto no es un buen lugar por donde empezar.) Pero las cabezas pensantes de los medios de comunicación lo entendieron al instante, mordieron el cebo y empezaron a hablar de él. Y también los locos de la tecnología, que corrieron a hacer cola para ser los primeros en conseguir el nuevo producto.

La lección a aprender: el equipo publicitario de Apple solo necesitaba dirigirse a un millón de personas. Razón por la cual envió una señal a esta gente e ignoró a todos los demás.

Tuvieron que pasar treinta años para que la idea se difundiese desde aquel millón a todo el mundo, treinta años para construir un mercado cautivo de cientos de miles de millones de dólares. Pero sucedió gracias a una utilización brillante de la semiótica, no por la tecnología. Constantemente, Apple fue emitiendo señales, y emitiéndolas con palabras, fuentes y diseños cuidadosamente calculados para que la gente correcta escuchara el mensaje.

CASO DE ESTUDIO: ¿DÓNDE ESTÁ KEITH?

No toda la semiótica es benigna. Cuando Penelope Gazin y Kate Dwyer pusieron en marcha su página web <Witchsy.com>, tuvieron problemas para obtener respuestas a sus mensajes de correo electrónico. Crearon un «socio», un personaje de ficción al que pusieron por nombre Keith, le dieron una dirección de correo y lo hicieron iniciar y participar en cadenas de mensajes.

Este sencillo cambio dejó en evidencia un vergonzoso vacío en el trato distinto que nuestra sociedad da a hombres y mujeres. Los mensajes de «Keith» recibían rápidamente respuesta. Vendedores, desarrolladores y socios potenciales respondían sin problemas a Keith, se dirigían a él por su nombre y se mostraban de lo más serviciales, declararon en una entrevista publicada en *Fast Company*.

Tenemos opiniones sobre todo, y la gente opina sobre nosotros. A menudo se trata de opiniones sesgadas, incorrectas e ineficientes. Pero negarlas no conlleva su desaparición.

El profesional del marketing puede utilizar símbolos para ganarse la confianza del público y conseguir sumarlo a su causa, o descubrir también que esos símbolos funcionan en sentido contrario. Para cambiar la cultura no nos queda más remedio que reconocer la cultura que pretendemos cambiar.

Lo cual no significa renunciar a nuestro objetivo, adaptarnos a esa cultura o dejar de intentar desafiar la injusticia. Pero sí nos exige dirigir nuestros relatos y nuestros símbolos con toda la intención. ¿Para quién es? ¿Para qué es?

INCORPOREMOS LAS BANDERAS CON TODA NUESTRA INTENCIÓN

Las banderas semióticas que decidamos ondear dependen de nosotros. No ondear ninguna esconde tanta intención como ondear alguna.

La gente a la que aspiras ofrecer tus servicios intenta averiguar quién eres. Si piensas estar presente en su mundo, facilítales la labor para que puedan saber quién eres y dónde te posicionas.

Lo que menos esfuerzo requiere es insistir en que no necesitas ninguna bandera (o identificador). En que no tienes ninguna necesidad de inclinar la cabeza ante los memes culturales anteriores, ni siquiera de ponerte un uniforme.

La tontería más grande que puedes hacer es imaginarte que las características de lo que presentas son tan estupendas que todo lo demás no importa.

Siempre hay algo que sí importa.

¿LAS MARCAS SIRVEN SOLO PARA IDENTIFICAR AL GANADO?

¿Cuál es tu marca?

Pista: no es tu logo.

En un mundo superpoblado como el nuestro, con tantísimas alternativas donde elegir (más de veinte tipos distintos de tóner que funcionan con mi impresora láser y más de diecinueve mil combinaciones de bebidas en Starbucks) y con un montón de cosas que son «suficientemente buenas», puedes considerarte afortunado si consigues tener una marca.

Una marca es un atajo hacia las expectativas del cliente. ¿Qué promesa cree el cliente que estás haciéndole? ¿Qué espera obtener el cliente cuando te compra, o cuando se reúne contigo, o cuando contrata tus servicios?

Esa promesa es tu marca.

Nike no tiene ningún hotel. Si lo tuviera, seguramente podrías intuir cómo sería. Esa es la marca Nike.

La única razón por la que tienes fans verdaderos, si acaso los tienes, es porque has conseguido reunir un grupo de gente que se ha comprometido contigo de tal modo que siempre sigue esperando de ti algo que merezca la pena. No es una expectativa concreta, sino emocional.

Un producto básico, por otro lado, no tiene marca. Si compro trigo a toneladas, o café a kilos, o ancho de banda a gigabytes, no tengo más expectativas que las especificaciones. Dame exactamente lo mismo que me diste ayer, más rápidamente y a mejor precio, y te pago por ello.

¿Cómo sabemos que marcas como Verizon y AT&T no tienen, esencialmente, valor? Porque si cambiáramos de una a la otra, nos daría igual.

Si quieres construir un activo de marketing, deberás invertir en conexión con el cliente y en otras características no transferibles. *Si eres importante para tus clientes, tienes una marca.*

¿ES IMPORTANTE EL LOGO?

Es menos importante de lo que al diseñador le gustaría, pero más de lo que cree la junta directiva típica. Si una marca es nuestro atajo mental hacia la promesa que puedas hacerle, el logo es como un pósit de recordatorio de dicha promesa. Sin una marca, un logo no tiene ningún sentido.

Veamos un ejercicio muy sencillo:

Crea una lista con cinco logos que admires. Como consumidor de diseño, dibuja o recorta y pega cinco logos bien hechos.

¿Los tienes?

Muy bien, pues ahí va mi predicción: todos representan alguna marca que admiras.

Prácticamente, nadie elige una esvástica o el inteligente glifo del banco que lo ha dejado sin blanca. Y es así porque los logos están tan incrustados en la promesa de marca que les infundimos los poderes de la marca, ignorando que están compuestos por pixeles.

Sí, puede darse el caso de que una marca fabulosa esté adornada con un logo espantoso (¿le suena a alguien una sirena muy complicada?). Muchas de las mejores marcas no tienen un logo identificable o fácil de recordar (me vienen a la cabeza Google, Sephora y Costco). Y, naturalmente, un rápido vistazo a la hoja donde hayas pegado tus recortes muestra que la mayoría de las marcas no se preocupa por eso.

No, tampoco se trata de que cierres rápidamente el tema del logo por teléfono o que ni te preocupes por él. No, no se trata tampoco de elegir un logo que ofenda o distraiga a la gente. Lo que sí debes hacer es elegir un logo que funcione en distintos tamaños y en distintos medios de comunicación.

Pero, sobre todo..., debes elegir un logo. No gastes dinero a raudales en su diseño ni le dediques muchas reuniones. Y consérvalo, igual que conservas tu apellido.

14. Trata a cada uno de manera distinta

EN BUSCA DE LOS NEÓFILOS

Elige una medida cualquiera (altura, peso, coeficiente intelectual, longitud del pelo, velocidad en un esprint de cien metros, número de amigos en Facebook) en un grupo de cien personas y descubrirás que una cantidad importante de las mismas se apiña en torno a la media.

Unas sesenta y ocho personas de entre esas cien estarán rondando la media. Otras veintisiete estarán muy alejadas, y cuatro se situarán en los extremos.

Es un fenómeno que se da con tanta frecuencia que lo denominamos desviación estándar.

Y es especialmente cierto en la conducta humana.

Everett Rogers demostró que, en lo referente al estilo, la tecnología y la innovación, a la mayoría de la gente le gusta lo que tiene. La gente quiere hacer lo que los demás hacen, y no busca activamente la novedad.

Pero hay algunos, las quince o dieciséis personas situadas en el lado izquierdo de la curva del siguiente gráfico, que son neófilos.

Usuarios pioneros. Quieren ser los mejores, los más listos, los más innovadores. Hacen cola para asistir al estreno de una película, actualizan su sistema operativo enseguida y leen rápidamente los anuncios de la revista *Vogue*.

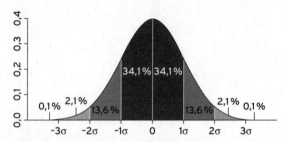

Desviaciones estándar: los porcentajes indican qué tanto por ciento de la población se ubica en cada segmento; por ejemplo, el 34,1 por ciento de la población está dentro de una desviación estándar por debajo de la media.

Y una cantidad igual, los situados a la derecha de la curva, defenderá el *statu quo* hasta el último día. Siguen leyendo el *Reader's Digest* y utilizando cintas de video.

Los buenos profesionales del marketing poseen la humildad suficiente como para comprender que no se debería perder ni un minuto de tiempo (ni de tu tiempo ni de su tiempo) en quien no está situado en la parte izquierda de la curva.

Cuando una persona se siente satisfecha con lo que tiene, es poco probable que dispongas del tiempo o del dinero necesarios para acceder directamente a ella y conseguir que se sienta insatisfecha, es decir, lo bastante interesada y lo bastante abierta como para cambiar y convertirse en tu cliente.

No es para esa persona. Al menos por el momento.

Con persistencia e inteligencia, es posible que acabes llegando a esa gente. Algún día. Horizontalmente. Persona a persona. A través de medios de difusión gratuitos. Pero, por ahora, no.

Tienes que empezar con los neófilos, con esa gente que tiene un problema (novedad, tensión y la búsqueda eterna de lo mejor) que tú puedes solucionar ya.

INSCRIPCIÓN

La educación obligatoria no existe. Enseñar contra la voluntad de la gente es prácticamente imposible.

La alternativa es la educación voluntaria: conseguir inscripciones.

Pedimos a la gente que nos preste atención. Les prometemos que el esfuerzo habrá valido la pena porque, a cambio, obtendrá la perspectiva o los avances que están buscando.

Pero, para obtener el permiso de la gente y poder comprometerte con ella, necesitas que se inscriba a tu idea.

La inscripción significa manos levantadas, miradas fijas en la pizarra, alumnos tomando notas. La inscripción es el primer paso de un viaje en el que aprenderás del cliente y el cliente aprenderá de ti.

La inscripción es mutua, va en los dos sentidos, está consensuada y suele desembocar en el cambio.

Los profesionales del marketing más perezosos intentan conseguir inscripciones comprándolas con publicidad llamativa. Los mejores profesionales del marketing, en cambio, consiguen inscripciones del público buscando gente que desee el cambio que se les ofrece. Y lo hacen conectando a esa gente con otra que también desea cambiar.

Y ese cambio es precisamente lo que buscan los profesionales del marketing.

¿QUÉ QUIERE LA GENTE?

Probablemente, la pregunta no es correcta.

Porque gente distinta quiere cosas distintas.

Los neófilos quieren ser los primeros. Quieren esperanza, posibilidades y magia. Quieren la emoción de que funcione y el riesgo de que tal vez no funcione. Quieren el placer que les proporciona mostrar su innovación al resto del mundo. Y quieren la satisfacción de hacer que lo mejor funcione más rápidamente, además de la expectación de verse recompensados por su innovación y su productividad.

Por otro lado, el típico subalterno corporativo quiere evitar meterse en problemas con el jefe. Y, si hay problemas, quiere una excusa irrefutable y una forma segura de evitar responsabilidades.

El cruzado social quiere un destello de esperanza y la oportunidad de hacer las cosas bien.

La persona que considera el dominio por encima de la afiliación, quiere ganar. Y si no puede ganar, podría estar dispuesto a conformarse con ver perder a su oponente.

El miembro de la tribu que busca afiliación quiere encajar, estar en sincronía, sentir el placer que proporciona pensar que «la gente como nosotros hace cosas como esta» sin correr el riesgo de ser elegido para ser el líder.

Hay quien quiere responsabilidad, mientras que otros buscan reconocimiento. Algunos de aquellos a quienes quieres ofrecer tus servicios, buscan una ganga, mientras que otros quieren pagar de más, demostrar que pueden hacerlo.

Y prácticamente, nadie quiere sentirse como un tonto.

Cada vez hay más gente que se deja seducir por la promesa de la conveniencia, para, de este modo, no tener que prestar atención ni expresar su opinión. Otros se sienten vacíos cuando no son capaces de contribuir con su esfuerzo.

La lección a aprender es: hazte preguntas constantemente, pon tus ideas a prueba constantemente, estate siempre dispuesto a tratar a gente distinta de manera distinta. Si no lo haces tú, encontrarán a otro que sí que lo hará.

EL SUPERUSUARIO

Hay clientes que merecen más la pena que otros.

A buen seguro habrás oído historias de restaurantes que tienen una fotografía del crítico culinario local colgada en la cocina. La idea es que si reconoces al crítico antes de servirle, podrás subir la calidad de la experiencia que está a punto de disfrutar y obtener, en consecuencia, una crítica mejor.

Pero, si puedes arrancarla, el esfuerzo habrá merecido la pena.

El tema es que, hoy en día, todo el mundo es crítico de restaurantes. Cualquiera puede publicar sus comentarios y compartir su experiencia con los demás. Por lo tanto, tienes que tratar mejor a todo el mundo, porque, en la actualidad, el público tiene más poder.

Pero los números no cuadran. Tratar mejor a todo el mundo es un poco como tratar a todo el mundo peor. Teniendo en cuenta los recursos de que dispones, no puedes tratar a todo el mundo mejor de cómo ya lo estás tratando. Pero lo que sí puedes hacer es observar la nueva normalidad y darte cuenta de que, a pesar de que todo el mundo tiene una plataforma, no todos la utilizan.

A pesar de que cualquiera podría ser un neófilo, un difusor de ideas a través de las redes sociales, un usuario con poder, un contribuyente importante, no todo el mundo aprovecha esa oportunidad.

Se puede aprender mucho de la gente observándola. Y, cuando encuentres a alguien que ha adoptado tu causa, adóptalo. Cuando encuentres a alguien que está dispuesto a hablar con entusiasmo sobre lo que tú haces, dale algo de lo que hablar. Cuando encuentres a alguien ansioso por convertirse en un líder generoso, dale recursos para que pueda liderar.

Disponemos de ventajas tecnológicas para tratar a personas distintas de manera distinta. Pero, para saber qué ofrecer y a quién ofrecérselo, tendremos que observar y escuchar.

LA VERDAD SOBRE LA CONTRIBUCIÓN DEL CLIENTE

Lanzar servicios y productos al mercado cuesta dinero.

Cuesta dinero comprarse un traje para asistir a la reunión, tener un escaparate, desarrollar un nuevo software, tener productos en existencia, hacer publicidad y un centenar de cosas más.

Son costos fijos, a repartir entre la base de clientes.

Si haces los cálculos, lo que verás será más o menos así:

La línea de puntos es la cantidad que has gastado por persona en marketing. Y las barras son el margen bruto que has ganado con cada cliente.

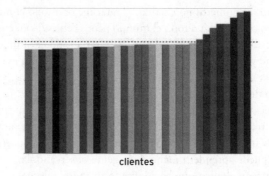

clientes

Lo que significa que solo ocho de los clientes de este gráfico han contribuido a tu proyecto aportando algún beneficio.

La teoría que respalda este gráfico se aplica a los compradores de libros, a los clientes de restaurantes, a los que realizan donaciones de carácter político, a los filántropos, a los coleccionistas de sellos y prácticamente a todos los sectores en los que algunos clientes gastan más que los demás.

Cuando preguntas: «¿Para quién es esto?», la respuesta tendría que ser: «Para el tipo de cliente que hablará de nosotros de un modo que nos permita seguir adelante».

Ofrecerás tus servicios a mucha gente. Pero sacarás rendimiento de muy pocos.

Las ballenas pagan por los pececitos.

Puede funcionar. Pero, para hacer tu mejor trabajo, tendrás que buscar y complacer a esos pocos. Y, a cambio, te verás recompensado con un ejército de clientes fieles que te lo comprarán todo.

¿CUÁL ES EL OBJETIVO DE ESTA INTERACCIÓN?

Imagínate que un cliente valioso se pone en contacto con el departamento de servicio al cliente porque tiene un problema.

¿Cómo saber si se trata o no de un cliente valioso? El personal de servicio al cliente tendrá un registro de los clientes que les escriben o les llaman. Un poco de investigación te informará de si esa persona lleva años siendo tu cliente, si tiene mucho dinero en tu banco, si escribe tuits sobre ti, si nunca hace devoluciones, si paga cuando toca, si compra los productos con más margen de beneficios, etcétera.

De hecho, si haces los cálculos, verás que el cliente valioso produce ocho veces más ingresos que el cliente medio y que, a diferencia de las masas anónimas que te cuestan dinero, es uno de esos pocos que generan los ingresos que acaban convirtiéndose en beneficios.

Nada de esto sería una innovación si estuviéramos hablando sobre un trabajador *free lance* con seis clientes. Cuando llama el cliente importante, el trabajador *free lance* sabe al instante qué sucede.

Pero aquí estamos hablando de tu institución financiera, un lugar donde la persona menos respetada y peor pagada se ocupa de responder al teléfono cuando tus clientes llaman. O de una tienda, donde sucede exactamente lo mismo.

En ese momento, pues, cuando la luz del teléfono se enciende, ¿cuál es el objetivo de la interacción?

Si el objetivo es acabar rápidamente con el tema, cerrar la llamada, negar responsabilidades, leer el guion, utilizar términos como «según lo que está escrito» y «nuestra política», en este caso, sí, por favor, sigue haciendo lo que estás haciendo y verás cómo todo se desmorona.

Por otro lado, el costo de ser humano en esta situación queda fácilmente oculto por el aspecto positivo de satisfacer a un cliente extraordinario.

Súbete al coche, cruza la ciudad y preséntate allí. Habla sobre el tema cara a cara.

Vete corriendo a FedEx y consigue cargar ese envío en la última recogida del día. La sorpresa y la satisfacción tienen largo recorrido.

Pídele al consejero delegado que tome el teléfono y llame a ese cliente al que le has cobrado sin querer por triplicado. Serán unos minutos, pero valdrá la pena.

Sé que no puedes hacerlo por todos los clientes. Pero puedes aprender a ver las cosas y actuar en consecuencia.

15. Llega a la gente adecuada

OBJETIVOS, ESTRATEGIA Y TÁCTICA

Un breve aparte antes de adentrarnos más en la táctica.

Las tácticas son fáciles de entender porque podemos enumerarlas. O utilizas una táctica o no la utilizas.

La estrategia es más amorfa. Es el paraguas que se extiende por encima de las tácticas, el trabajo que las tácticas intentan sustentar.

Y tu objetivo es aquello que apuestas que sucederá si tu estrategia funciona.

Si revelas tus tácticas a la competencia, te las robarán y lo pagarás caro.

Pero si le revelas tu estrategia, dará igual. Porque la competencia no tiene ni las agallas ni la persistencia necesarias para transformar tu estrategia en su estrategia.

Tu objetivo es el cambio que quieres hacer realidad en el mundo. Podría ser el objetivo egoísta de ganar dinero, pero más probablemente será ese cambio que quieres que experimenten aquellos a quienes deseas ofrecer tus servicios.

El objetivo es la estrella que te guía, el destino inquebrantable de tu trabajo.

Tu estrategia es el camino en el que estás invirtiendo para alcanzar ese objetivo. Tu estrategia se asienta sobre las tácticas. Una estrategia podría ser ganarte la confianza y la atención del público. Otra podría ser la de conseguir que tu alternativa sea considerada la mejor y, tal vez, la única. Otra podría ser tener alianzas y asociaciones que te permitan llegar con tu mensaje a la gente adecuada.

La manera en que utilices los relatos, el estatus y las relaciones para generar tensión y movimiento es una estrategia.

Una estrategia de éxito te acercará a tu objetivo. Si fracasa, deberás cambiar de estrategia, pero es algo que no es deseable hacer muy a menudo.

¿Y la táctica? La táctica está conformada por las docenas o centenares de pasos que tendrás que dar en nombre de tu estrategia. Si una táctica falla, no pasa nada, porque otra ocupará su lugar y sustentará la estrategia que tienes en mente.

Las tácticas pueden cambiarse en el momento en que decidas que no te están ayudando a conseguir tu estrategia.

Durante generaciones, Coca-Cola tuvo un objetivo muy simple: conseguir que cada vez más gente bebiera Coca-Cola. Su estrategia consistió en bombardear al público con anuncios para convencer al mercado de masas de que Coca-Cola formaba parte de la cultura que los hacía felices y que todo el mundo también la bebía. Y los anuncios siguen cambiando, porque el contenido del anuncio es una táctica.

El objetivo de Patagonia es conseguir que un minúsculo grupo de entusiastas de las actividades al aire libre preocupados por el medioambiente expresen esa preocupación vistiendo su ropa. Según sus palabras: «Son deportes silenciosos. Ninguno exige un motor, ninguno levanta los vítores de una multitud. En estos deportes, la recompensa se obtiene en forma del placer conseguido con el esfuerzo y los momentos de conexión que se establecen con la naturaleza».

Su estrategia consiste en redefinir el modo en que alguna gente piensa sobre el impacto medioambiental así como sobre la calidad de las prendas especializadas. En proporcionar a ese pequeño grupo una etiqueta y una herramienta que poder utilizar para evangelizar a sus amigos con su visión. Crear un grupo de personas iniciadas y otro de personas externas.

Y sus tácticas van desde encontrar nuevas maneras de reciclar ropa, hasta instalar sus tiendas en edificios de ladrillo, la elección de materiales, catálogo y precio. Cuando una táctica falla, no abandonan su estrategia, que es la misma que mantienen desde hace más de treinta años.

LA PUBLICIDAD ES UN CASO ESPECIAL, UN MOTOR DE CRECIMIENTO OPCIONAL

Los medios de comunicación, las compañías de telecomunicaciones y los servicios de entrega de paquetería ganan dinero haciendo la misma cosa: vendiendo la atención de aquellos a quienes presumiblemente ofrecen sus servicios.

Puedes comprar un anuncio en una revista, en una red social o con un sello. En los tres casos, podrás alcanzar/interrumpir/educar/comprometerte con toda la gente que ese intermediario te prometa. Cualquiera que tenga un sello puede enviar una carta.

No tienes que ganarte su atención, porque la compras.

Dejas de ser el elemento externo; ahora eres el cliente. Tienes dinero y puedes utilizarlo para comprar atención, siempre que quieras, y en la cantidad que puedas permitirte.

Y la buena noticia de todo esto es la siguiente: cuando encuentres un contenido publicitario que funcione, puedes escalarlo. Y puedes escalarlo de forma rápida y precisa.

E imagino que la mala noticia ya la habrás adivinado: encontrar un contenido publicitario que funcione no es fácil.

Lo cual no significa que no debas intentarlo, pero necesitas tener claro qué haces y por qué.

Un anuncio que pase desapercibido, no existe.

Un anuncio que se ve, lo ve alguna gente, no todo el mundo. Y si no lo ve la gente adecuada, genera tensión. La tensión de no saber y necesitar saber más. La tensión de quedarse atrás. La tensión de que las cosas podrían mejorar (o empeorar).

La práctica totalidad de la publicidad televisiva es simplemente ruido semiótico. Se trata de tranquilizar al espectador de que lo anunciado es una marca segura («anunciado en televisión»), una marca que conoce el espectador y sus semejantes, una marca que puede permitirse aparecer en la caja tonta.

Es un precio que las principales compañías que actúan en mercados competitivos tienen que pagar. Pero, desde un punto de vista realista, no es el tipo de marketing que todos los demás deberían plantearse.

MÁS QUE NUNCA, PERO MENOS QUE NUNCA

Hoy en día, hay más compañías que nunca haciendo anuncios publicitarios. Si alguna vez pulsas en Facebook el botón «promocionar publicación», estarás pagando para formar parte del negocio publicitario.

Nunca ha sido más fácil ni más barato gastar dinero para hacer correr la voz. En Linkedin puedes pagar para tener el privilegio de enviar un mensaje de correo electrónico a un pez gordo, puedes publicar anuncios gratuitos *online* para tu entidad sin ánimo de lucro y puedes promocionar fácilmente tu conferencia o tu venta de productos artesanales.

La magia de la publicidad en la red se compone de tres elementos:

1. Llegar a un público concreto es más fácil a través de internet que a través de cualquier otro medio. Y esta concreción no se refiere solo al aspecto demográfico, diferenciando al público por sus gustos, sino también al aspecto psicográfico, es decir, por sus creencias y por lo que anda buscando.
2. Puedes llegar al público al instante. Puedes decidir publicar un anuncio a las diez de la mañana y que empiece a llegar a la gente a las diez y uno.
3. Puedes hacer mediciones de todo.

Puesto que la publicidad es más rápida, más barata y más mensurable que nunca, ¿por qué no es el foco de todo nuestro marketing? ¿Por qué no es el principio y el fin de la discusión?

Porque la publicidad *online* es también la publicidad más ignorada que se haya inventado nunca.

Publicar un anuncio que pasa por delante de cien mil personas y no obtener ni un solo clic no es excepcional. Y tampoco es excepcional que toda una campaña publicitaria se inicie, se desarrolle y se termine sin tener ningún impacto sobre la cultura.

La publicidad es un medio de pago. Se compra y se paga por ella. Y la gente a la que quieres llegar lo sabe. Por eso recela. Porque está inundada de publicidad. Porque está cansada.

No le pagas al receptor para que publique el anuncio, pero quieres que el receptor te pague con su atención.

Y, en consecuencia, el receptor te ignora.

No es que la publicidad no pueda funcionar. Es, simplemente, que no es la respuesta correcta para todo el mundo, al menos en este momento.

¿CUÁNTO CUESTA LA ATENCIÓN? ¿MERECE LA PENA LO QUE VALE?

No te dejes distraer, por favor, por la posibilidad de conseguir atención gratuitamente, por la posibilidad de estar bajo un foco que, por arte de magia y generosamente, te hace famoso sin necesidad de hacer ningún esfuerzo por tu parte.

Incluso la publicidad «gratuita» cuesta algo en términos de tiempo y esfuerzo.

Pero, por el momento, centrémonos en los anuncios, donde la ecuación de costo y atención está muy clara.

Un anuncio en una revista elegante te saldrá por un CPM (costo por mil) de 80 dólares, lo que significa que por cada 80 dólares que pagues estarás delante de mil lectores (aproximadamente). Poco menos de diez centavos por persona.

Si esos 80 dólares los pagases por un anuncio en una página web de segunda fila podrías estar delante de un millón de personas. Aunque, claro está, esa gente lee por encima, navega, ignora..., y ni siquiera recuerda tu anuncio ni actúa al respecto.

Cualquiera dispuesto a comprar un anuncio publicitario debería preguntarse: «¿Merece la pena pagar lo que vale?».

La gente que busca provocar el cambio suele tener prisa, y los anuncios podrían parecerle un atajo. Pero, sin insistencia y sin foco, la inversión no merece la pena.

EL MARKETING DE MARCA ES MÁGICO; EL MARKETING DIRECTO SOLO SIRVE PARA QUE SUENE EL TELÉFONO

Lester Wunderman fue el padre del marketing directo. Fue quien inventó el término, y lo utilizó para construir American Express, el Columbia Record Club y un centenar de proyectos más.

En 1995, le pedí a Lester que entrara a formar parte de la junta de Yoyodyne, la compañía de marketing directo *online* que fundé antes de que existiera la World Wide Web.

Lester fue el primero en exponer las diferencias entre marketing de marca y marketing directo, pero sus ideas nunca habían sido más relevantes que ahora. Gracias al auge de Google y Facebook, en la actualidad hay más marketing directo que nunca.

La diferencia se encuentra en lo que sucede después de que se lanza el anuncio:

El marketing directo está orientado a la acción. Y es mensurable.

El marketing de marca está orientado a la cultura. Y no es mensurable.

Si publicas un anuncio en Facebook, cuentas los clics que obtienes y, luego, calculas cuántos de esos clics se traducen en clientes, estás haciendo marketing directo.

Si plantas un rótulo publicitario junto a la autopista con la esperanza de que la gente recuerde el nombre de tu funeraria la próxima vez que algún familiar fallezca, estás haciendo marketing de marca.

Es perfectamente posible que tu marketing directo cambie la cultura (un efecto colateral muy agradable). Y también que los anuncios que publiques, los catálogos que envíes y las visitas que reciba tu página web colaboren en producir un cambio en el relato de la gente.

Y es perfectamente posible que tu marketing de marca genere algunos pedidos (otro efecto colateral agradable). Y que tu rótulo lleve a alguien a desviarse en la siguiente salida para darte dinero, o que tu patrocinio de un pódcast lleve a alguien a contratar los servicios de tu compañía.

El peligro está en caer en la confusión.

El extraordinario crecimiento de ingresos de Google y Facebook se debe solo a una cosa: muchos de los anuncios que se publican en estos servicios se pagan solos. Cien dólares de publicidad *online* generan 125 dólares de ingresos para el anunciante. Y como que el anunciante lo sabe, compra más publicidad. De hecho, sigue comprando anuncios hasta que dejan de pagarse solos.

Por otro lado, la publicidad de marca (para productos como Ford, Absolut Vodka y Palmolive) ha conformado nuestra cultura durante generaciones. Pero estas marcas, y muchísimas más, no pueden crear campañas de marketing directo que funcionen. Y, por lo tanto, el cambio a un entorno de marketing directo *online* les ha resultado estresante y les ha supuesto sonados fracasos.

El enfoque es tan simple como difícil: si compras anuncios de marketing directo, realiza métricas de todo. Calcula cuánto te cuesta capturar la atención de los potenciales clientes, conseguir un clic, transformar esa atención en un pedido. El marketing directo es marketing de acción, y si no eres capaz de medir sus efectos, no vale para nada.

Si compras anuncios de marketing de marca, ten paciencia. Niégate a cualquier métrica. Comprométete con la cultura. Concéntrate todo lo que puedas, pero, por encima de todo, sé perseverante y paciente. Si no puedes permitirte ser consistente y paciente, no pagues anuncios de marketing de marca.

Los dos párrafos anteriores tendrían que recompensarte por sí solos el tiempo y el dinero que puedas haber consagrado a este libro. Confío en que no sea lo único que te devuelva la inversión realizada. Pero ten siempre presente que incluso las compañías más grandes y de mayor éxito no alcanzan a ver cómo el movimiento hacia la interacción *online* está cambiando su negocio de un modo fundamental.

Procter & Gamble dedicaba miles de millones de dólares a la publicidad de marca en televisión, tanto para su detergente Tide, como para su dentífrico Crest y otras marcas. Cuando los anuncios

de marca televisivos fueron sustituidos por anuncios digitales directos, su modelo de negocio se derrumbó.

La pizzería del pueblo estaba enganchada a la publicidad en las
Páginas Amarillas. Un anuncio grande se pagaba solo y el número
especial que aparecía en el anuncio así lo demostraba. Pasarse a
Yelp, por otro lado, significa tiempo y riesgo. No hay control, no
existe una historia de éxito demostrada.

Para muchos negocios pequeños, el paso de los anuncios de
marca caros, lentos y mensurablemente complicados a los anuncios
directos rápidos, agiles y mensurables, es un cambio positivo, pero
actuar como un profesional del marketing directo no resulta fácil
cuando intentas llegar a gente que no suele hacer clic a los anuncios
que pueda ver *online*.

UN MANUAL BREVE DE MARKETING DIRECTO *ONLINE*

El motivo de la existencia del anuncio es recibir un clic.

El motivo de la existencia del clic es hacer una venta o conseguir
permiso para acceder al cliente potencial.

El motivo de la existencia de la venta es generar otra venta, o
hacer correr la voz.

El motivo de la existencia del permiso para acceder al cliente
potencial es poder educarlo y, a partir de ahí, conseguir una venta.

Eso es todo.

Todos los pasos del proceso tienen un costo (el primer paso lo
pagas en efectivo, pero, a lo largo del camino, perderás gente que lo
dejará correr), y cada paso que das te acerca más a la obtención del
beneficio.

Asigna un valor a cada paso. Si no te es posible, no lances anuncios de respuesta directa hasta que puedas hacerlo.

Ante la pregunta de si habrá gente que vea tus anuncios y no
haga nada, la respuesta es sí. Es un efecto colateral, un bono para el
cambio de cultura, para la creación de conocimiento. Pero si no
puedes medir ese efecto, no cuenta.

UN MANUAL BREVE DE MARKETING DE MARCA

Todo lo que hagas, desde tu forma de responder al teléfono hasta el diseño del envase o del envoltorio de tu producto, desde el lugar donde tienes tus oficinas hasta los efectos en cascada de tu trabajo, desde la música que suena en tu teléfono antes de que respondas la llamada hasta la conducta de tus ejecutivos, e incluso el tipo de cacahuetes en bolsa que utilices, todo es una forma de marketing de marca.

No es mensurable. Y puede que, ni tan siquiera, seas consciente de ello.

Pero sigue siendo importante.

Ya estás gastando dinero en marketing de marca. Que no te quepa la menor duda. La pregunta a formularse es: ¿qué pasaría si gastases un poco más?, ¿y si lo gastases con intención?

Si pudieras pacientemente invertir más tiempo y dinero en dar a conocer al mundo la historia de tu marca, ¿cómo lo harías?

Podrías comprar anuncios a toda página en el periódico local o poner un anuncio en la televisión por cable. Es un tipo de gasto con larga tradición. Podrías hacer pública una gran declaración de intenciones en muy poco tiempo. Es divertido. No exige la autorización de nadie más excepto del jefe o de quien disponga del presupuesto para ponerlo en marcha. Dicho y hecho, y mañana será otro día.

Podría ser la mejor manera de gastar el dinero. Patrocinar un torneo de tenis o un pódcast también funciona de maravilla.

Tal vez.

O quizá deberías invertir más en el modo en que tu equipo interactúa con los clientes. O quizá deberías gastar unos cuantos millones de dólares en investigación y desarrollo o ponerte otra vez a estudiar para mejorar en lo tuyo.

La lección más importante sobre marketing de marca que puedo compartir contigo es la siguiente: estoy seguro, completamente seguro, de que no tienes ni tiempo ni dinero suficientes para construir una marca que llegue a todo el mundo. No puedes. No lo intentes.

Sé concreto.

Sé muy concreto.

Y, luego, habiendo asimilado esto, excédete en tu marketing de marca. Cada fragmento de cada interacción debería reflejar el global de la marca. Cada vez que veamos algo de ti, deberíamos ser capaces de vislumbrar tu totalidad.

FRECUENCIA

La gente no recuerda lo que lee, lo que escucha, ni siquiera lo que ve. Con un poco de suerte, la gente recuerda lo que hace, pero tampoco muy bien.

Recordamos lo que practicamos.

Recordamos las cosas que vemos una y otra vez. Lo que hacemos una y otra vez. Recordamos a nuestro tío Fred, que vino a casa por Navidad veinte años seguidos, pero no recordamos a su novia Ethyl, que lo acompañó solamente en esa ocasión.

Evidentemente, existen razones evolutivas por las que estamos optimizados para que esto funcione así. Tenemos que recortar implacablemente nuestros recuerdos y los recuerdos más fáciles de recortar son aquellos que son solo ruido.

Recordamos los acontecimientos de los que guardamos fotos en el álbum familiar, pero no recordamos aquellos que no fueron fotografiados. Sin embargo, esto no tiene nada que ver con la acción de tomar una fotografía, y sí tiene todo que ver con practicar y ensayar nuestro relato, el que nos contamos cada vez que vemos esa fotografía.

En el proceso, este fenómeno nos ha empujado a asociar «confianza» a los sucesos y relatos que se repiten una y otra vez. Lo familiar nos resulta normal, y lo normal es de confianza.

Los profesionales del marketing nos olvidamos a diario de este detalle.

Porque nos aburrimos de siempre lo mismo. Del relato, del cambio. Ya lo hemos oído en otras ocasiones. Lo recordamos. Pero nos aburrimos.

Y por eso lo cambiamos.

Jay Levinson decía: «No cambies los anuncios cuando te hayas cansado de ellos. No los cambies cuando tus empleados estén cansados de ellos. No los cambies ni siquiera cuando tus amigos estén cansados de ellos. Cámbialos cuando tu contable esté cansado de ellos».

Y esto puede ampliarse más allá de los anuncios.

Cualquier relato exige frecuencia. Intentas cualquier cosa nueva, emites una declaración, exploras un nuevo mercado…, y al ver que no funciona enseguida, tu instinto es dejarlo correr e intentar otra cosa.

Pero la frecuencia nos enseña que la diferencia es muy real, que hay un abismo entre cuando nosotros nos aburrimos y cuando el público capta el mensaje.

Mucha gente inicia un proyecto. Ofrece una charla unas cuantas veces, tal vez incluso una conferencia TED, y luego pasa a lo siguiente. Lanza un nuevo negocio como emprendedor, consigue unos cuantos clientes, vacila un poco y lo deja correr. O funda una nueva compañía, consigue recaudar dinero para ponerla en marcha y lo gasta rápidamente, y se da de bruces contra la pared justo antes de que empiecen a suceder cosas buenas.

El mercado está entrenado para asociar frecuencia con confianza (ya está, ya he vuelto a decirlo). Si abandonas justo cuando estás a medio camino de construir esa frecuencia, no es de extrañar que nunca tengas oportunidad de ganarte la confianza de tus clientes.

LA OPTIMIZACIÓN PARA MOTORES DE BÚSQUEDA Y LAS MINAS DE SAL

El ecosistema Google está basado en un mito. El mito de que la gente acabará encontrándote entre los millones y millones de negocios que se acicalan constantemente para ser elegidos por el motor de búsqueda.

Las páginas de citas ofrecen la misma promesa. También las redes sociales.

Encaja en todo momento, sigue todas las reglas, y cuando busquemos «tienda de neumáticos» o «restaurante» o «corrector de textos *free lance*» o «cita para fin de semana», aparecerás tú.

No hay cálculo matemático que sostenga esta teoría.

Hay miles de páginas de resultados. Tenemos que ser muy ilusos para creer que *nosotros* seremos los primeros en aparecer.

El camino no está en que tu nombre aparezca cuando alguien introduzca un término genérico.

El camino está en que el público esté lo bastante interesado en ti y en lo que has creado como para introducir directamente tu nombre. Está en que te estén buscando a ti, no buscando una alternativa genérica.

Sí, si entras la palabra «blog» en Google te aparecerá mi blog.

Pero preferiría que hicieras una búsqueda por «Seth».

La optimización para motores de búsqueda es la práctica de estar bien posicionado en los resultados de búsqueda de un término genérico. Un herrero, un hotel o un médico que esté bien posicionado en una búsqueda genérica obtendrán enormes beneficios. Y todos los demás tendrán que gastar dinero en consultores y trucos para posicionarse más arriba. No hay tampoco cálculo matemático que sustente este esquema piramidal.

Por otro lado, un profesional del marketing inteligente puede crear un producto o servicio que valga la pena buscar. No buscar el término genérico, sino buscarte a ti, lo que has creado, lo concreto. Cuando haces esto, Google está de tu lado. Google quiere que te encuentren cuando alguien anda buscándote.

El paso número uno consiste en crear un producto o servicio que interese lo bastante a la gente como para tomarse la molestia de realizar una búsqueda específica. En una búsqueda genérica nunca te erigirás ganador, pero sí saldrás victorioso si la búsqueda es lo bastante concreta.

Y, luego, el paso dos es fácil de entender: ser el que la gente quiera encontrar cuando empiece a buscar.

16. El precio es una historia

EL PRECIO ES UNA HERRAMIENTA DE MARKETING, NO SIMPLEMENTE UNA FORMA DE GANAR DINERO

Al final, tendrás que decirle a la gente cuánto piensas cobrar por tus servicios y productos. Por lo que al precio se refiere, hay que tener presentes dos cosas:

1. El marketing cambia tu precio.
2. El precio cambia tu marketing.

Como la gente se forma supuestos y asociaciones según el precio de las cosas, y como el precio de las cosas conforma lo que la gente opina sobre ellas, es importante que seas muy claro en tu posicionamiento. Tu precio debería estar en línea con los extremos que has hecho tuyos como parte de tu posicionamiento.

¿Eres del tipo de persona que pide el vino más barato de la carta? ¿O el más caro?

Fíjate que ninguna de estas preguntas se refiere al vino en sí. Que no se refieren ni a su sabor ni a su valor.

Se refieren simplemente a su precio.

Nadie conduce el coche más barato posible (apenas se ve un Yugo de segunda mano circulando por la calle) y son muy pocos los que están lo bastante locos como para ir conduciendo un Bugatti por la ciudad. Pero entre estos dos extremos, hay miles de historias posibles. Historias que nos contamos e historias que contamos a los demás.

Un Porsche Cayenne no tiene una utilidad proporcionada al gasto que supone. Es meramente una señal, una bandera pintada de rojo o plateado que ondeamos en la puerta de nuestra casa o en el teatro de nuestra autoestima.

Evidentemente, el precio es mucho más que una señal. Es también el motor del crecimiento de nuestro proyecto, porque el precio determina dónde nos posicionamos, para quién estamos diseñando y qué historia contamos. Y el precio crea (o elimina) un margen, y este margen es el dinero que tenemos disponible para gastar en marketing externo.

Piensa en el panadero. Si los ingredientes y los gastos generales asociados con una barra de pan son de 1,95 dólares vendiendo una cantidad razonable, podemos examinar tres extremos:

1. A un precio de venta de dos dólares la barra, el beneficio por barra es de cinco centavos.

2. A un precio de venta de 2,50 dólares la barra, el beneficio por barra es de cincuenta y cinco centavos. Lo que significa once veces más que vendiéndola al otro precio, más de un mil por ciento de beneficio por barra.

3. Y en una barra de tres dólares, ganaríamos más de un dólar por barra, más de veinte veces lo que ganaríamos en el primer ejemplo.

El panadero que cobra la barra a dos dólares tiene que vender veintiuna barras por cada barra que vende el panadero de lujo, que las cobra a tres dólares. Veintiuna barras más es la diferencia entre unos pocos clientes a la hora o tener cola en la puerta.

Y nos decimos: «Pero nuestros clientes preferirían pagar el precio más bajo».

Tal vez. Pero ¿cómo valoran un establecimiento limpio y reluciente, gestionado por personal numeroso, servicial y bien remunerado, un cartel nuevo en el escaparate y el equipo de fútbol de la localidad con camisetas nuevas con tu logo? ¿Cómo valoran la bolsa que acompaña cada barra y esas muestras gratuitas de galletas de mantequilla a las que denominas «pecaditos»? ¿Cómo les hace sentir poder explicarles a sus amigos que están comiendo el mismo pan que sirven en ese restaurante tan elegante de la ciudad?

Mejor tener que disculparse por el precio una vez que tener que excusar un centenar de pequeños desaires una y otra vez.

El precio es una señal.

DISTINTOS PRECIOS (DISTINTA GENTE)

Los cuáqueros inventaron la etiqueta con el precio. Antes de eso, todo el mundo aceptaba que nada tenía un precio fijo. El regateo era lo habitual.

Pero las tiendas Macy's y Wanamaker's necesitaban crecer, construir establecimientos gigantescos con personal mal pagado. Era imposible formar adecuadamente a tanta gente y confiarles el regateo. Por eso fueron los pioneros en implantar a gran escala la idea de los cuáqueros.

Mientras que la etiqueta de precio se concibió originalmente porque los cuáqueros consideraban inmoral cobrar precios distintos a gente distinta, acabó cuajando porque a los fabricantes y a las pioneras cadenas de tiendas les gustaba lo eficaz que resultaba.

Pero, como sucede con todo, internet llegó para cambiar las cosas.

Por un lado, puedes contar la historia de que el precio es el que es. Tesla contó esta historia a los compradores de coches de lujo, que emitieron un suspiro de alivio al escucharla. Pero, cuando Uber intentó ajustar el precio a la demanda, sufrió pérdidas de miles de millones de dólares en confianza.

Para la mayoría de las empresas, y muy especialmente para las pequeñas, la parte complicada no es la mecánica de cobrar cantidades distintas, sino el relato.

Y saco esto a relucir porque es una forma potente de comprender el relato que respalda tu precio (y el precio que respalda tu relato). ¿Cómo te sientes cuando te enteras de que has obtenido un descuento que nadie más ha obtenido? ¿Cómo te sientes si los demás consiguen ese descuento y tú no?

¿Qué opinas sobre la escasez y el precio que se genera en la web de micromecenazgo Kickstarter? ¿Te empujaría a actuar el miedo a perderte un lugar en un nivel que está casi lleno?

«BARATO» ES OTRA FORMA DE DECIR «ASUSTADO»

A menos que hayas encontrado una nueva forma maravillosa de vender tu producto o servicio, lanzarse a la carrera de ser el más barato significa, probablemente, que no estás invirtiendo lo suficiente en el cambio.

Cuando eres el más barato, no prometes cambio. Prometes lo mismo, pero más barato.

La carrera hacia abajo resulta tentadora, porque no hay nada más fácil que vender barato. No le exige al cliente ni hacer nuevos cálculos ni reflexiones profundas. No es ni cultural ni emocional. Es, simplemente, más barato.

El precio bajo es el último refugio del profesional del marketing que ha agotado todas sus ideas.

¿Y GRATIS?

Si el marketing se hace por y para el consumidor, ¿por qué no ofrecerlo todo gratis?

Por dos razones:

1. Realizar una transacción es fundamentalmente distinto a encontrarse un objeto que aparentemente no vale nada (o no tiene precio) y que se ofrece de forma gratuita. La decisión de realizar una compra se relaciona con la escasez, la tensión y la afiliación, y el profesional del marketing sacrifica todo esto cuando una compra es realmente gratis.

2. Sin un flujo de caja, no podrás invertir ni en tu producto ni en tu equipo ni en tu marketing.

Pero la oferta gratuita puede tenerse en cuenta por otras razones, en otras situaciones.

Gratuito no significa un penique que cueste menos de un penique o un dólar que cueste menos de un dólar, sino que es una categoría de transacción completamente distinta, porque, igual que sucede cuando dividimos entre cero, se escala hasta el infinito.

Una idea gratuita presenta más probabilidades de difundirse, y de difundirse rápidamente, que una idea vinculada al dinero.

Si Facebook tuviese un costo mensual de tres dólares, habría atraído menos de un millón de usuarios.

Si escuchar los éxitos en la radio costase dinero, la lista de los Top 40 desaparecería.

Pero, aun así...

Si lo regalásemos todo, no sabríamos cómo ganarnos la vida.

La salida de esta paradoja consiste en combinar dos ofertas, casadas entre sí:

1. Ideas gratuitas que se difunden.
2. Expresiones caras de esas ideas por las que merece la pena pagar algo.

Cuando un chef revela sus recetas, o aparece en un pódcast, o realiza un seminario *online*, está ofreciendo gratuitamente sus ideas. Localizar esas ideas es fácil, también lo es recurrir a ellas con frecuencia, y compartirlas.

Pero si lo que quieres es comer pasta servida en una buena vajilla sobre un mantel blanco en el restaurante de ese chef, tendrás que pagar veinticuatro dólares.

Cuando una canción suena gratuitamente en la radio, pero la entrada del concierto cuesta ochenta y cuatro dólares, el artista se ve compensado.

La vajilla y la entrada son recuerdos de ideas, y los recuerdos son caros.

Existen infinitas maneras de compartir gratuitamente tu visión, tus ideas, tus expresiones digitales y tu capacidad de conexión.

Y todas ellas construyen visibilidad, conceden permiso de acceso y generan confianza, todo lo cual te proporciona una plataforma para vender el producto o servicio por el que merece la pena pagar algo.

CONFIANZA Y RIESGO, CONFIANZA Y GASTO

Lo racional es creer que antes de comprometernos con transacciones arriesgadas exigimos confianza.

Y también es racional esperar que la gente exija más confianza antes de gastar mucho dinero (que no es más que un tipo de riesgo). O antes de comprometer su tiempo y sus esfuerzos.

Pero muchas veces sucede lo contrario.

El hecho de que la transacción sea arriesgada provoca la aparición de la disonancia cognitiva. Inventamos un sentimiento de confianza precisamente porque estamos gastando mucho dinero. «Soy una persona inteligente, y lo inteligente es asegurarme de que confío en alguien antes de invertir los ahorros de toda mi vida (o mi vida), por lo tanto, tengo que confiar en esta persona.»

Para eso son los campos de entrenamiento militar. El elevado costo que implica participar en ellos (sangre, sudor y lágrimas) nos hace estar alineados con el grupo.

Es por eso que la gente se apunta a Outward Bound.*

Es por eso que los restaurantes y hoteles más lujosos sobreviven a las malas críticas.

Cuando la gente hace una inversión fuerte (de dinero, de reputación o de esfuerzo), suele inventarse un relato que justifique su compromiso. Y ese relato aporta confianza.

Y eso lo sabe cualquier estafador. Lo irónico del caso es que los profesionales del marketing que necesitan de la confianza del público no suelen entenderlo.

---

* Outward Bound es una organización educativa sin ánimo de lucro que ofrece experiencias de riesgo controlado al aire libre, buscando fomentar el crecimiento personal y las habilidades sociales. *(N. de la T.)*

Bajar el precio no genera confianza en ti. Sino más bien lo contrario.

SÉ GENEROSO CON EL CAMBIO Y VALIENTE CON TU NEGOCIO

La generosidad, en términos de trabajar gratuitamente, ofrecer continuamente descuentos y horas extras no remuneradas, no es en realidad un acto generoso. Porque es insostenible. Porque tarde o temprano acabarás rompiendo las promesas que hayas hecho.

Por otro lado, lo que sí es generoso es exhibir generosidad a través de tu valentía, tu empatía y tu respeto.

Lo que los clientes quieren de ti es que les importes tanto que quieras cambiarlos.

Que generes esa tensión que acaba produciendo el movimiento de avance.

Que ejerzas ese trabajo emocional que les lleva a ver lo que es posible.

Y si necesitas poner un precio alto a cambio de ofrecer todo esto, sigue siendo una ganga.

CASO DE ESTUDIO: EN EL UNION SQUARE HOSPITALITY GROUP NO HAY PROPINAS

Durante más de una década, el restaurante de Nueva York con mejores críticas en la guía *Zagat's* fue el Union Square Cafe.

Con los años, la compañía que gestionaba la cafetería incorporó por todo Nueva York otra docena de restaurantes con buenas críticas (y, en ese proceso, se desprendió de la filial Shake Shack, una compañía multimillonaria) como parte del Union Square Hospitality Group (USHG).

En 2016 sorprendieron a muchos observadores eliminando las propinas.

En vez de aceptar propinas, USHG subió sus precios un 20 por ciento. Dedicaron los ingresos adicionales a ofrecer bajas por paternidad y maternidad, salarios justos y la oportunidad de tratar a los miembros de su equipo como profesionales. El cambio significó que el personal en la retaguardia (los que cocinan la comida) pudiera estar mejor pagado, y significó que los camareros tuvieran un incentivo para trabajar en colaboración, para intercambiar turnos, para trabajar como un médico, un piloto o un maestro trabajaría, para dejar de trabajar por una propina.

Una gran iniciativa de liderazgo, pero que presenta una buena cantidad de problemas de marketing.

¿Cómo comunicas el incremento en los precios y la eliminación de las propinas a un cliente habitual, a alguien que valora la percepción de una relación especial porque se considera una persona que da propinas por cantidades por encima de la media?

¿Cómo comunicas esto a un turista, que compara los precios de los menús *online* antes de hacer una reserva y no sabe que al tener las propinas incluidas el restaurante es mucho más barato de lo que parece?

¿Cómo comunicas esto al personal, especialmente a los que más ganan, que serán testigos de una bajada en sus salarios?

¿Qué cambio se ha hecho y para quién es ese cambio?

Una de las grandes ideas que tenemos que aprender de esto es que un cambio de ese calibre no puede ser para todo el mundo. Por ejemplo, hay clientes que disfrutan del estatus que les proporciona dejar una propina sustanciosa. Lo hacen con gran aspaviento y, en el esquema de cosas de una persona adinerada, es una emoción que le sale barata. USHG ya no ofrece esa emoción. «No es para ti, lo siento.»

Por otro lado, un cliente que busca la afiliación como forma de estatus, descubrirá que un agradecimiento sincero le sienta mucho mejor que el miedo asociado a poder dar una propina excesiva o escasa.

Y, mejor todavía, al cliente cuya visión del mundo gira en torno a la justicia y la dignidad, le costará ahora más defender otros restaurantes. Si tiene que elegir entre un restaurante donde los trabajadores están comprometidos con el negocio, son tratados con justicia y trabajan con dignidad y otro donde la jerarquía socava todo esto, le resultará más fácil convertirse en cliente habitual del restaurante que esté orgullosamente en línea con su visión del mundo.

Cenar en un restaurante es una experiencia que pocas veces hacemos solos. USGH ofrece a los comensales la oportunidad de ganar estatus haciendo gala de su virtud. Ofrece a los comensales una historia que contar, a sí mismos y a los demás, una historia sobre cómo el pequeño acto de elegir un restaurante transforma la experiencia en un tema de gran alcance que gira en torno a la raza, el género y la disparidad de ingresos.

Una historia que no es para todo el mundo, sino para la gente adecuada. Una historia que transforma la experiencia.

¿Para quién es, para qué es y cómo cambia el estatus? *¿Qué les contaré a los demás?*

17. Obtén permiso y sé extraordinario para formar un ciclo virtuoso

EL PERMISO ES ANTICIPADO, PERSONAL Y RELEVANTE

Hace más de veinte años, en *El marketing del permiso*, narré el principio de una revolución.

Todo gira en torno a la atención. Al déficit de atención.

Los profesionales del marketing habían estado robándola, abusando de ella, desperdiciándola.

Como que los mensajes basura eran gratis, pues más mensajes basura. Basura, basura, basura.

Correo electrónico basura, por supuesto, pero también de otros tipos. Iniciativas constantes para robar nuestra atención y nuestro valiosísimo tiempo, cosas ambas imposibles de recuperar.

Pero existe una alternativa. El privilegio de enviar mensajes anticipados, personales y relevantes a las personas que desean recibirlos.

No parece una idea controvertida, pero lo fue. Por culpa de esa idea fui expulsado de la Direct Marketing Association.

Hace veinticinco años comprendí que los mensajes basura no servían para incrementar ventas. Que la atención era un bien preciado y que los profesionales del marketing egoístas tenían que parar en su empeño de robar algo que el ser humano no podía producir en más cantidad.

Mi equipo y yo creamos una compañía alrededor de este concepto. Hubo un momento en que Yoyodyne enviaba, recibía y procesaba más mensajes de correo electrónico que nadie en el planeta..., y lo hacíamos con el permiso de todas las personas con quienes nos relacionábamos. El porcentaje de apertura de nuestros mensajes estaba por encima del 70 por ciento, y dichos mensajes tenían un porcentaje de respuesta del 33 por ciento.

Esos porcentajes están mil veces por encima de los que presenta un típico mensaje electrónico de carácter comercial enviado en 2018.

Así pues, antes de pagar por anuncios publicitarios, mucho antes que eso, empieza con la idea de hacerte con este activo. Con el privilegio de hablar con gente que te echaría de menos si te fueras.

El marketing del permiso reconoce el nuevo poder que tienen los mejores consumidores de ignorar el marketing, y es consciente de que tratar a la gente con respeto es la mejor manera de capturar su atención.

«Prestar atención» es un término clave, puesto que los profesionales del marketing que trabajan con el concepto del permiso comprenden que alguien que elige prestarte atención te está prestando algo muy valioso. Y quien te paga con su atención sabe que no podrá recuperarla si alguna vez cambia de idea. La atención se convierte, pues, en un activo importante, algo que hay que valorar y no desperdiciar.

El permiso de verdad del que estoy hablando no tiene nada que ver con la presunción de permiso o con el permiso de carácter legal. Que tú hayas conseguido mi dirección de correo electrónico no significa que tengas permiso para utilizarla. Que yo no me queje no significa que tengas mi permiso. Que conste en la letra pequeña de tu política de privacidad tampoco significa que tengas mi permiso.

El permiso de verdad funciona como sigue: si dejas de hacer acto de presencia, la gente se preocupa. Te pregunta dónde te has metido.

El permiso es como salir con alguien. No empiezas pidiendo la venta a la primera impresión. Sino que, con el tiempo, poco a poco, vas ganándote el derecho.

Uno de los principales impulsores del marketing del permiso, además del déficit de atención, es el costo extraordinariamente bajo de ponerse en contacto con gente que quiere saber de ti. Gota a gota, mensaje a mensaje. Los contactos son prácticamente gratuitos.

Los RSS, el correo electrónico y otras técnicas hacen que no tengamos que preocuparnos ni de sellos ni de comprar anuncios en red cada vez que tengamos alguna cosa que decir. La entrega del pedido en casa es la venganza del lechero: es la esencia del permiso.

Facebook y otras plataformas de redes sociales son aparentemente un atajo, puesto que facilitan la labor de llegar a nuevo público. Pero la contrapartida es que te conviertes en un aparcero. La tierra no es tuya. El permiso para ponerse en contacto con la gente no lo tienes tú, lo tienen ellos. El activo no es tuyo, es de ellos.

Cualquier editor, cualquier compañía de medios de comunicación, cualquier autor de ideas necesita ser propietario de ese activo que llamamos «permiso», el privilegio de poder contactar con el público sin intermediarios.

El permiso no tiene por qué ser formal, pero sí debe ser evidente. Mi amigo tiene permiso para llamarme si necesita que le preste cinco dólares, pero la persona que conoces en una feria comercial no tiene permiso para explicarte todo su currículo profesional, por mucho que haya pagado una entrada.

Las suscripciones son un acto claro de permiso. Por eso los lectores de periódicos que reciben el ejemplar en casa son tan valiosos, y por eso es más importante tener suscriptores de una revista que lectores que la compran en el quiosco.

Para obtener permiso, hay que hacer una promesa. Hay que decir: «Hare X, Y y Z; confío en que me concedas tu permiso escuchándome». Y después, y ahí viene la parte dura, tienes que cumplirla. No asumas que puedes hacer más de lo que en realidad puedes hacer. No vendas la lista, ni alquiles la lista ni exijas más atención. Puedes prometer un boletín de noticias y pasarte años hablándome, puedes prometer un RSS diario y hablarme cada tres minutos, puedes prometerme charla promocional cada día (como hace el minorista Woot). Pero la promesa es la promesa hasta que ambas partes acuerdan cambiarla. No pienses que por el hecho de presentarte para ser presidente o llegar a final del trimestre o lanzar al mercado un nuevo producto tienes derecho a romper el trato. No lo tienes.

El permiso no tiene que ser nunca un medio de emisión unidireccional. Internet facilita el poder tratar a la gente de manera distinta, y esto exige que resuelvas el modo en que la gente que te ha dado permiso elija qué quiere oír y en qué formato.

Si empiezas a intuir que para hacer marketing de permiso se necesita humildad y paciencia, has acertado, porque es así. Por eso tan pocas compañías lo hacen correctamente. El mejor atajo, en este caso, es no utilizar atajos.

¿Cuánta gente se preguntaría preocupada por ti (o se quejaría) si no le llegase tu próxima tanda de mensajes de correo electrónico? Esa es una métrica que merece la pena calcular y hacer crecer.

En cuanto hayas obtenido permiso, puedes educar. Conseguir suscripciones. Puedes tomarte el tiempo necesario para comunicar tu relato. Día a día, gota a gota, puedes ir comprometiéndote con la gente. No te limites a hablar; comunica la información que esa gente quiere escuchar.

Poco después de la publicación de *El marketing del permiso*, Dany Levy puso en marcha un boletín informativo electrónico al que puso por título DailyCandy. Era una alerta por correo electrónico y de carácter local dirigida a mujeres interesadas en ventas con descuento, fiestas y relaciones sociales. Era un activo tan valioso que acabó vendiéndolo por más de cien millones de dólares.

Y cualquier *podcaster* tiene este tipo de activo, una base de suscriptores que escucha con regularidad las últimas noticias.

Del mismo modo, todo político de éxito posee también este tipo de activo, un grupo de votantes ansiosos por escuchar su siguiente discurso y compartirlo o actuar en consecuencia.

Si posees este activo, protégelo. Es más valioso que las computadoras o las sillas de tu oficina. Si un empleado se marchara a su casa con una computadora o una silla, lo despedirías. Actúa de la misma manera si alguien de tu equipo envía correo basura a los integrantes de tu lista con la única intención de mejorar una métrica.

GÁNATE EL PERMISO Y CONSIDÉRALO UN ACTIVO QUE POSEES

Cuando utilizamos una red social porque tiene muchos usuarios, no estamos creando un activo.

Por el momento puedes llegar a todos los seguidores de esa plataforma, eso está claro. Pero con el tiempo, la plataforma gana dinero cobrándote a ti, no regalando su trabajo.

Y, por lo tanto, necesitarás promocionar una publicación. O preocuparte por lo que pueda pasar cuando la plataforma intente aumentar el precio de sus acciones.

Si el alma de tu trabajo es el permiso, gánatelo y consérvalo. Comunica solo con aquellos que deciden que quieren oír de ti. La definición más sencilla del permiso es la gente que te echaría de menos si no te pusieses en contacto con ella.

Y eso es algo que se posee, que no se alquila.

TUMA BASA Y RAPCAVIAR

En 2015, en un gesto defensivo, Spotify contrató a Tuma Basa, un creador de tendencias musicales, para competir contra la nueva iniciativa de Apple, que había puesto en marcha las listas de reproducción seleccionadas por DJ. Basa pasó a ocuparse de la lista de reproducción RapCaviar, y en cuestión de meses la lista consiguió más de tres millones de suscriptores. Dichos suscriptores son oyentes que han dado permiso a Spotify (y a Basa) para que comparta con ellos novedades musicales.

En tres años, la lista había aumentado hasta nueve millones de suscriptores.

Basa construyó de este modo el activo más importante de la industria musical. Más grande que el que pudiera tener cualquier emisora de radio. Más importante que el de cualquier revista.

Cuando Basa presenta a un nuevo artista, se convierte automáticamente en una superestrella (como Cardi B, que mueve una cantidad inmensa de dinero). La lista de reproducción se actualiza los viernes por la mañana y, cuando termina la jornada, el paisaje de los éxitos musicales ha cambiado por completo.

Spotify no necesita tener una emisora de radio o una revista. Tiene un activo que se llama permiso. El permiso, la atención y la suscripción son los ejes del comercio.

PRESÉNTATE CON GENEROSIDAD

¿Cómo obtener permiso? ¿Cómo conectar con la gente que quiere oír más de ti?

La visión del mundo de quienes se interesan por las novedades (los neófilos), los empuja a buscar nuevas voces, nuevas ideas y nuevas alternativas. Son individuos escasos en el mercado, pero puede que haya los suficientes.

Cuando Marvel quiere lanzar un nuevo superhéroe, no empieza con anuncios en televisión a nivel nacional. Sino que lo presenta en la convención Comic-Con de San Diego.

Comic-Con tiene permiso. Permiso para interactuar con fans entusiastas, fans neófilos, para presentar nuevas ideas, para ayudarlos a descubrir la gran novedad.

Es el lugar donde lanzar la siguiente película de la saga *Deadpool*. No con un discurso promocional, sino con generosidad.

Una introducción especial.

Una entrevista con el director.

Una noticia de verdad.

Quizá esa película sobre el personaje de cómic Deadpool no estará en los cines hasta dentro de un año. No están allí para vender entradas. Están allí para obtener permiso. Para ir capturando la atención, para ganarse el privilegio de contar su historia a gente que desea oírla.

Es, básicamente, una señal. Una forma de decirle al núcleo de la tribu que se le presta atención, que estas serán las cosas sobre las que gente como nosotros estará hablando el año próximo.

Da igual que en Comic-Con esté solo presente un porcentaje minúsculo del mercado cinematográfico. Lo que importa es la calidad del relato y la profundidad de la empatía y de la generosidad.

Y luego, si se hace bien, empieza a correr la voz.

TRANSFORMA TU PROYECTO SIENDO EXCEPCIONAL

Hacer correr la voz directamente es imposible. Demasiado caro, demasiado lento. Encontrar las personas adecuadas, interrumpirlas y suscribirlas a la causa, una a una, es una tarea abrumadora.

La alternativa consiste en crear intencionadamente un producto o servicio sobre el que la gente decida que merece la pena hablar.

Es lo que denomino una «vaca púrpura».

Quiero destacar, antes que nada, que ser extraordinario no depende de ti, el creador. Puedes esforzarte al máximo, pero la decisión final depende de tus usuarios, no de ti.

Si lo consideran extraordinario, será extraordinario.

Si lo consideran extraordinario, correrá la voz.

Si la conversación hace que tu misión avance, los demás se comprometerán con tu idea y el proceso seguirá adelante.

Es algo más fácil de decir que de hacer.

Tienes que hacerlo con intención, incrustarlo en lo más profundo de tu producto o servicio.

Lo cual significa que los profesionales del marketing efectivos son también responsables de la experiencia que viven los clientes.

OFENSIVO/JUVENIL/URGENTE/EGOÍSTA NO ES LO MISMO QUE «PÚRPURA»

Los profesionales del marketing recurren a trucos publicitarios con demasiada frecuencia. Y esos trucos tienen su origen en el egoísmo.

Cuando tú mejoras las cosas y facilitas la comunicación, estás haciéndole un servicio a la gente. La mejor razón por la que la gente habla contigo es porque, en realidad, está hablando sobre sí misma: «Mira que buen gusto tengo». O quizá: «Mira lo bueno que soy detectando las ideas importantes».

Por otro lado, si te criticamos o te censuramos, si hablamos sobre los límites que has traspasado, lo hacemos para enviar una señal a nuestros amigos y vecinos. De que hay que evitarte, porque solo empeoras más las cosas. Porque no nos impresiona ni el dinero que has gastado ni los límites que has traspasado ni lo importante que es ese trabajo para ti.

No, hacemos correr la voz cuando algo nos beneficia, cuando beneficia lo que nos gusta, nuestra posición, nuestro deseo de novedad y cambio.

LA SUSPENSIÓN DE LAS REGLAS DEL CLUB DE LA PELEA

En su novela *El club de la pelea,* Chuck Palahniuk escribió que la primera regla del club de la pelea era que no se hablaba sobre el club de la pelea.

En cuanto el personaje adecuado (¡la visión del mundo!) de la novela se enteraba de la existencia del club de la pelea, esa regla era una invitación a hablar sobre el club de la pelea. Y, a medida que fue creciendo, también lo hicieron las conversaciones. Estamos de nuevo ante la ley de Metcalfe.

Alcohólicos Anónimos es una organización gigantesca. Y no es en absoluto anónima. La práctica de cualquier miembro activo lleva incrustada la postura de que, en caso de duda, se habla sobre Alcohólicos Anónimos, porque hablar sobre la organización es un acto de generosidad. Sirve para acabar con la vergüenza. Es un bote salvavidas. Es la camaradería de estar conectado, la oportunidad de hacer por los demás lo que otros hicieron por ti.

Las ideas viajan ahora horizontalmente: de persona a persona, no de empresa a cliente. Empezamos con un núcleo lo más pequeño posible y le damos algo de que hablar y un motivo para hacerlo.

Lo que elijamos lanzar al mercado depende de nosotros. Si no es posible hablar del cambio que pretendes hacer realidad, tal vez deberías buscar un tipo de cambio distinto.

DISEÑAR PENSANDO EN LA EVANGELIZACIÓN

Algunos miembros de Alcohólicos Anónimos se dedican a provocar tensión a los que no son miembros. Abordan con entusiasmo (y con generosidad) a las personas que tienen problemas con la bebida y les ofrecen ayuda.

La presión social es lo que nos ha puesto enfermos, pueden pensar, y la presión social nos ayudará a mejorar.

El evangelismo es complicado. Provocar tensión a un compañero de trabajo o a un amigo es un acto cargado de riesgo. Y, por lo tanto, es fácil de eludir.

El duro trabajo de crear el cambio que quieres hacer realidad empieza con incrustar el evangelismo en el tejido de lo que estás creando. La gente no hará correr la voz por el mero hecho de que lo que ofreces sea importante para ti. Solo lo hará porque también es importante para ella. Porque se alinea con sus objetivos, porque le permite contarse una historia de la que se siente orgullosa.

18. La confianza es un bien tan escaso como la atención

FALSEDAD Y DESCONFIANZA

Internet crece gracias a la afiliación. En su corazón reside la magia que se consigue mediante las conexiones entre gente que comparte cosas.

Pero las fuerzas que prefieren el dominio en vez de la afiliación lo ven como una amenaza. Y por ello han creado oleadas de desconfianza alrededor de las voces y los canales que soportan nuestra confianza cultural.

Además, y por desgracia, la conducta y la avaricia de muchos de los pilares con los que contábamos han destruido también el beneficio de la duda que nos gustaría otorgarle a aquellos que queremos ver como nuestros líderes.

El resultado es un momento en el tiempo en el que existe *más gente conectada que nunca y menos gente en quien confiamos*. En el que la ciencia y los hechos se combinan en una batidora repleta de obstinadas interpretaciones erróneas y malentendidos apresurados. No podemos confiar ni en las instituciones espirituales ni en los medios de comunicación dominantes ni en los políticos ni en las redes sociales, y ni siquiera en el vecino.

Y si a todo esto le sumamos la cacofonía del ruido (que emite menos señales que nunca) y la prevalencia de las noticias falsas y los timos, la confianza corre grave peligro.

¿DE QUÉ PODEMOS FIARNOS?
¿DE QUIÉN PODEMOS FIARNOS?

En este vacío de desconfianza, los profesionales del marketing se encuentran en una de las tres posiciones siguientes:

1. Ignorados.
2. Escabulléndose.
3. Generando confianza.

Si te ignoran, poco podrás conseguir, porque, además de no gozar de la confianza de la gente, tampoco habrás capturado su atención.

Si andas escabulléndote, fingiendo ser una cosa pero luego actuando de forma distinta a lo que dices ser, podrás capturar cierta atención y ganarte cierta cantidad de falsa confianza, pero ni una cosa ni la otra serán duraderas.

El tercer camino, el de la confianza, es el único que compensa la inversión que exige. Y lo bueno del caso es que también es el más fácil de seguir.

Un profesional de marketing de confianza consigue que la gente se suscriba a su causa. Es capaz de hacer una promesa y mantenerla, ganando con ello más confianza. Es capaz de contar una historia, sin interrupciones, porque la confianza genera atención. Su historia suma más suscripciones a la causa, lo que desencadena más promesas y, luego, más confianza. Y, quizá, si el relato está bien organizado y conmueve al público, se iniciará una cadena de boca en boca, esas conversaciones entre gente similar que están en el seno de nuestra cultura.

El beneficio de la duda no es un mito. En el mundo hay duda a toneladas y, probablemente, no estás beneficiándote de que sea así. Es solo cuando la gente va hacia donde creen que tú vas, cuando su

identidad y su estatus están ya en línea contigo, que consigues bene-
ficiarte.

Y entonces es cuando se produce el cambio.

LA ACCIÓN GENERA CONFIANZA

En un mundo que mira las cosas por encima en lugar de leer, que
chismorrea en vez de investigar, resulta que la mejor manera de ganarse la confianza es mediante la acción.

Cuando lo que dijiste ha caído en el olvido, seguimos todavía
acordándonos de lo que hiciste.

¿Qué hiciste cuando te pedimos que nos devolvieses el dinero
de un producto defectuoso? ¿Qué hiciste cuando perdiste nuestros
datos? ¿Qué hiciste cuando tuviste que cerrar la fábrica y nuestros
puestos de trabajo se quedaron colgados de un hilo?

Los profesionales del marketing pasamos mucho tiempo hablando, y también trabajando en lo que tenemos que decir. Pero
deberíamos pasar mucho más tiempo *actuando*.

Hablar significa concentrarse en celebrar una rueda de prensa
para el público de masas.

No hablar significa concentrarse en lo que haces cuando nadie
te mira, en una persona tras otra, en el día a día.

FAMOSOS PARA LA TRIBU

La fama engendra confianza, al menos en nuestra cultura.

Todo el mundo es famoso al menos para mil quinientas personas.

Algunos lo son incluso para tres mil.

Es un fenómeno nuevo y fascinante. Cuando hay tres mil personas, o diez mil, o quinientas mil personas que te consideran famoso..., pueden cambiar cosas. No simplemente porque hayan oído
hablar de ti, sino porque gente de su confianza también ha oído
hablar de ti.

Si eres consultor, diseñador o inventor, ser famoso para tres mil
personas es mucho.

El objetivo no es maximizar tus cifras en las redes sociales. El
objetivo es ser conocido entre el público mínimo viable.

RELACIONES PÚBLICAS Y PUBLICIDAD

Normalmente, los profesionales del marketing buscan publicidad. Quieren recortes de prensa. Reseñas. Reportajes. Hacer correr la voz. Si contratas los servicios de una empresa de relaciones públicas, es más que probable que estés contratando a un publicista.

Y la buena publicidad es estupenda si puedes conseguirla. ¿Por qué no?

Aunque, probablemente, más que publicidad lo que necesitas son relaciones públicas.

Las relaciones públicas son el arte de contar tu historia a la gente adecuada de la manera adecuada. Un arte que da voluntariamente la espalda a la publicidad, que busca tinta a toda costa («siempre y cuando escriban mi nombre correctamente») a cambio de la confianza que el profesional del marketing tiene depositada en construir un motor para una idea.

La carrera para ser ligeramente famoso está en marcha, y se ve impulsada por las conexiones sociales y tribales que facilita internet. Depositamos nuestra fe en los famosos, nos creemos lo que dicen, aunque cada vez haya más. Con el tiempo, cuando todo el mundo sea famoso, esta tendencia se disipará, pero, por el momento, la confianza y el beneficio de la duda que adjudicamos a los famosos es valiosa.

19. El embudo

LA VERDAD NO ES ESTÁTICA

Visualiza un embudo, un embudo con un montón de filtraciones y agujeros.

Viertes tu atención por la parte superior del embudo.

Y por la parte inferior emergen clientes comprometidos y fieles.

Pero resulta que, entre la parte superior y la parte inferior, se escapa la mayoría de la gente. Se aleja de ti, con su confianza menguada, o porque hay un desajuste entre lo que tú ofreces y lo que ellos creen, una desconexión entre lo que tú dices y lo que ellos escuchan. O tal vez sea porque la cosa no acaba de encajarles, o están distraídos o, simplemente, porque la vida diaria se ha interpuesto en el camino.

A medida que la gente va bajando por el embudo —y pasa de desconocido a amigo, de amigo a cliente, de cliente a cliente fiel—, el estatus de su confianza cambia.

Tal vez se vuelva más confiada, el resultado de la disonancia cognitiva y la experiencia. O, más probablemente, se distraiga más, se vuelva más temerosa, tenga más ganas de salir de allí, porque decir que sí resulta más estresante que marcharse y olvidarse del tema.

EL EMBUDO SE PUEDE REPARAR

1. Puedes asegurarte de atraer solo a la gente adecuada hacia el embudo.
2. Puedes asegurarte de que la promesa que la ha atraído hasta allí esté en línea con el lugar hacia dónde confías que irá la gente.
3. Puedes eliminar pasos para que haya que tomar menos decisiones.
4. Puedes dar tu apoyo a esa gente con quien estás comprometiéndote, reforzando sus sueños y apaciguando sus miedos durante el trayecto.
5. Puedes utilizar tensión para generar un movimiento de avance.
6. Y, sobre todo, puedes facilitar un megáfono a aquellos que han salido con éxito del embudo, una herramienta que puedan utilizar para contárselo a los demás. *La gente como nosotros hace cosas como esta.*

LAS MATEMÁTICAS DEL EMBUDO: CASEY NEISTAT

Los videos que Casey publica en YouTube suelen tener más de diez millones de visualizaciones. Es un activo de permiso. La gente lo sigue, y esa gente comparte su trabajo.

Recientemente, Casey desarrolló un proyecto en el que dirigía a sus seguidores (cuando yo vi el video, ya había recibido cerca de un millón de visitas) hacia su canal en vivo en Twitch.

Hice clic en el enlace, y vi que tenía dieciocho mil visualizaciones. Es decir, que aproximadamente una de cada cincuenta personas había hecho como yo.

En el video de Twitch había centenares y centenares de comentarios. Era difícil contarlos, pero pongamos que había mil.

Lo que significa que una de cada dieciocho personas dedicó su tiempo a publicar un comentario.

Y de esas mil personas que hicieron comentarios, tal vez cinco harían algo más, como apuntarse a lo que Casey estuviera creando.

De 1.000.000 a 18.000; de 18.000 a 1.000; de 1.000 a 5.

El embudo es eso. El ritmo de eliminación puede variar.

El motivo por el que él es Casey y nosotros no lo somos no es porque Casey haya optimizado su embudo, sino porque la parte superior del embudo se llena de manera regular y sin apenas esfuerzo con gente que se ha apuntado a su viaje.

En cuanto consigues ganar esa confianza, todo va mejor.

EL EMBUDO DEL MARKETING DIRECTO SOSTENIBLE

Hablaremos ahora sobre un caso especial, un embudo que persiguen los millones de iniciativas que compran anuncios en Google y Facebook.

En 2017, estas dos compañías ingresaron más de cien mil millones de dólares, prácticamente *la mitad* del dinero que se ha gastado en publicidad *online* a escala mundial. Y prácticamente todos esos anuncios fueron sometidos a medición y pasados por el embudo.

Gastas mil dólares en anuncios *online* que llegan a un millón de personas.

Consigues veinte clics.

Lo cual significa que cada clic te cuesta cincuenta dólares.

Esos clics van a parar a tu página web. Uno de cada diez se convierte en un pedido.

Lo que significa que cada pedido te cuesta quinientos dólares.

Si tienes suerte, en este negocio que estoy describiendo, el valor del ciclo de vida de un cliente es *superior* a quinientos dólares, lo que significa que puedes volver a repetir la operación y comprar más anuncios para conseguir más clientes a ese mismo costo. Y hacerlo otra vez, y otra, porque los anuncios se pagan solos. ¡Magia!

Evidentemente, la inmensa mayoría de tu beneficio irá a parar directamente de tus manos al lugar donde estás comprando los anuncios, razón por la cual esas dos compañías gozan de un éxito tan extraordinario. Están llevándose la mejor parte de los beneficios de todos los que se anuncian allí. Google puede llegar a ganar cien dólares por venta, mientras que tú, el anunciante que hace todo el trabajo, ganas solo diez dólares.

Pero puedes vivir con eso, puesto que el margen sobre la próxima venta sigue siendo positivo. Como sales ganando, es fácil comprar más anuncios.

Y el embudo sigue filtrando.

Es el sueño del profesional del marketing directo. Es una publicidad que se paga sola. Que te permite escalar. Que te permite medir cómo funciona, hacerlo una y otra vez, y crecer.

Me gustaría destacar que las compañías no suelen emplear mucha meticulosidad en este tipo de cálculos. Que gastan y pagan, confiando en que al final todo salga bien.

Pero, si eres meticuloso y te mantienes vigilante, empezarás a comprender lo que te está costando centrar tu atención en la parte superior del embudo, y podrás trabajar para mejorar no solo la calidad de tus clientes potenciales, sino también la eficiencia del proceso.

Trabaja desde ahora mismo con el objetivo de reducir el costo de ese primer clic. Ahora bien, si tu solución es hacer una promesa ridícula en el anuncio que publicas, te saldrá el tiro por la culata, puesto que si no cumples esa promesa y la gente ha entrado ya en el embudo, todo el mundo dejará de confiar en ti, la tensión se evaporará y tu rédito se desplomará.

Plantéate, en cambio, concentrarte en qué pasos podrías cambiar o eliminar. Explora qué pasaría si la gente se comprometiera con tus ideas o con tu comunidad *antes* de que les pidieses dinero. Invierte en el valor del ciclo de vida del cliente, crea cosas nuevas para tus clientes en vez de agobiarte buscando nuevos clientes para lo que ya has creado.

Imagino que en los tiempos en que empecé mi carrera profesional en marketing, menos de un 5 por ciento de todos los publicistas se dedicaba a medir sus resultados. Con la televisión, la radio y la prensa escrita, realizar mediciones era muy complicado. Pero hoy en día, con los números tan claramente definidos, calculo que la cifra rondará el 60 por ciento. Lo que falta, no obstante, es un análisis concienzudo de lo que significan esos números.

UN APARTE SOBRE LAS MATEMÁTICAS DEL EMBUDO

No estoy del todo seguro de por qué las matemáticas del embudo desconciertan a tanta gente, ya que, si las estudias paso a paso, acabas viéndolo claro.

Lo más importante es averiguar el valor del ciclo de vida del cliente. Veamos un ejemplo sencillo: ¿qué valor tiene para un supermercado un nuevo cliente fiel?

Si nos limitamos a calcular los beneficios de una única visita a la tienda, será solo de un par de dólares. Los supermercados funcionan con márgenes muy bajos.

Pero ¿qué sucede si esa persona se convierte en cliente habitual? ¿Qué sucede si visita el supermercado dos veces por semana, realizando en cada ocasión una compra de alrededor de cien dólares, y lo hace durante los cinco años que vivirá en el barrio? Eso significaría cincuenta mil dólares o más en ventas. Incluso con un margen del 2 por ciento, significaría unos beneficios de mil dólares a lo largo del ciclo de vida de cada nuevo cliente.

Y...

¿Y si tu supermercado fuera especial, y en cuanto una persona se convierte en su cliente existe una elevada probabilidad de que se lo cuente a sus amistades y vecinos y uno de ellos se convierta también en cliente habitual? Eso hace que cada nuevo cliente sea más valioso, porque se transforma en tu motor de crecimiento.

Lo cual quiere decir que, visto lo eficiente que es el embudo, el supermercado tendría que estar más que dispuesto a organizar un acto para los recién llegados a la ciudad.

Lo cual quiere decir que el supermercado tendría que disculparse rápidamente y devolverle el dinero al cliente que se muestre molesto al descubrir que un melón de cuatro dólares no estaba lo bastante maduro. Tener una discusión podría significar perder ventas por un importe de mil dólares.

Con la tecnología y los servicios aún podemos ir más lejos. Si miramos servicios como Slack, un cliente pionero podría haber tenido un valor de ciclo de vida de cincuenta mil dólares o más. Si no solo contamos lo que el cliente pagará a lo largo de su ciclo de vida, sino también el impacto de lo que sus compañeros de trabajo pueden acabar pagando, más el valor de crecimiento al dejar fuera a los competidores, más el valor de la acción de la compañía cuando empezó a ser vista como la ganadora, es fácil justificar este tipo de análisis. Los primeros mil clientes, si son las personas adecuadas, tienen un valor casi incalculable.

Muy bien, así que si esto es el valor del ciclo de vida del cliente, ¿qué aspecto adopta el embudo, la parte de la ecuación relacionada con el costo?

Una forma sencilla de entenderlo es con un ejemplo con sellos de correos.

Si el franqueo de una carta es de cincuenta centavos, ¿cuántas cartas necesitas enviar para llegar a un cliente?

En los tiempos del marketing directo, bastaba con saber esto.

Si necesitas enviar mil cartas con sello para conseguir un pedido, cada pedido te costará quinientos dólares. (Porque enviar una carta equivalía a un costo de cincuenta centavos, ¿no?)

Si el valor del ciclo de vida de un cliente es de setecientos dólares, *¡compra todos los sellos que puedas permitirte comprar!* Por otro lado, si el valor del ciclo de vida de un cliente es de cuatrocientos dólares, no tiene sentido comprar sellos. O bien necesitas redactar una carta mejor, o crear un negocio mejor.

Este simple análisis es la razón por la cual habrás oído hablar de L. L. Bean, Lands' End y Victoria's Secret. Compraron muchos sellos.

Internet acelera este proceso, lo hace más potente, y le otorga más matices.

En internet no compras sellos en la oficina de correos, sino que compras clics en Google o Facebook.

Estos clics te dirigen a una página web.

Ese clic a una página web te conduce a otra parte de la página web.

O a una dirección de correo electrónico.

O a una descarga de prueba.

Y, luego, eso te lleva a lo siguiente, y así sucesivamente hasta que el interés te transforma en un cliente que paga a cambio de recibir algo.

Cada clic que se produce entre el primero y el último hace que tu embudo resulte más caro, pero, si eliminas un número excesivo de clics, nadie confiará en ti lo suficiente como para comprarte.

Si tu producto o servicio sirve para mejorar las cosas, el cliente te será fiel y generarás ese valor del ciclo de vida del cliente del que hemos hablado.

Si no consigues ver el embudo, no compres anuncios.

Si eres capaz de calcular el costo del embudo y ves que comprar anuncios te sale demasiado caro, no compres anuncios. Soluciona antes el problema del embudo.

LA VERDAD SOBRE TU EMBUDO

El embudo no va a ser una fuente mágica de resultados.

Espero que lo sea, pero es bastante improbable.

A pesar de que habrá gente encantada de venderte como un milagro —un embudo de ingresos pasivo, que funciona solo—, estos embudos mágicos son la excepción.

Y es así porque el valor del ciclo de vida de un nuevo cliente rara vez supera el costo de publicar los anuncios necesarios para captar un nuevo cliente.

La gente es tan desconfiada y la web está tan concurrida, que los anuncios casi nunca tienen el poder suficiente como para pagarse solos. La gente ve tantos anuncios, y con tantas promesas, que el costo de compromiso se ha puesto por las nubes.

La verdad es que la mayoría de las marcas importantes, y la mayoría de las organizaciones con éxito, están impulsadas por la publicidad, pero construidas sobre un buen marketing. Crecen porque los usuarios evangelizan a sus amigos. Crecen porque son entidades vivas que ofrecen cada vez más valor a las comunidades que sirven. Crecen porque encuentran tribus que se fusionan en torno al cambio cultural que son capaces de generar.

El trabajo que dediques a mejorar tu embudo será un esfuerzo que te compensará. Pero los intentos de construir una máquina generadora de beneficios eternos siempre terminan con amargura, puesto que hacer algo que perdure te exigirá presionar con excesiva fuerza y excesiva velocidad.

El objetivo es dar el pistoletazo de salida con anuncios enfocados a los neófilos, a la gente que está intentando encontrarte. Y, luego, construir confianza con la frecuencia. Conseguir que prueben el producto o servicio. Generar el de boca en boca. Y pagarlo construyéndote un grupo de gente, una red que necesite que tu trabajo forme parte de quién son y de lo que hacen.

Saltarse esta última parte, todo lo que sucede después del primer clic, es fácil. Y si solo haces la parte fácil, la parte cara, es prácticamente seguro que los resultados que consigas no te harán muy feliz.

LA VIDA EN LA COLA LARGA

El importantísimo trabajo que realizó Chris Anderson sobre la cola larga, puede entenderse muy bien con un gráfico muy sencillo:

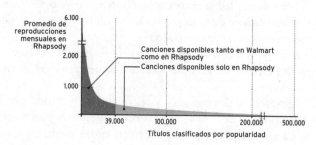

Fuente: Chris Anderson.

A la izquierda están los *hits*. No son muchos, pero cada uno de ellos vende muchísimo. De hecho, el número uno vende diez veces más copias que el número diez, y cien veces más copias que el número cien. Un *hit* es mágico.

A la derecha está el resto, la cola larga: buenos productos de interés especializado. Cada uno de ellos, por sí mismo, no vende muchas copias, pero, en su conjunto, la cola larga vende tanto como la cabeza grande.

La mitad de las ventas de Amazon son libros que no están situados entre los cinco mil más vendidos. ¡La mitad!

La mitad de la música consumida en las plataformas de *streaming* no está disponible en tienda. Ni la mitad de los títulos, ni la mitad del volumen.

La estrategia le funciona muy bien a Amazon, puesto que venden *todos* los libros disponibles. Pero los autores lo sufren: vender uno o dos libros al día no da para ganarse la vida.

Si eres músico, vivir en la cola larga con tus doce o veinticuatro canciones no te ayudará a pagar las facturas. Y prácticamente todo aquel que publica en un mercado abierto se encuentra en la cola larga.

A continuación, encontrarás un gráfico similar que muestra el tráfico en páginas web.

Si te sitúas en el círculo o, peor aún, si te sitúas a la derecha de ese círculo, no puedes competir ni para crear impacto ni en dólares por anuncio, porque a pesar de que Google obtiene beneficios de todas las páginas web donde se realizan búsquedas, la mayoría de la gente que se sitúa en los extremos está con la lengua fuera.

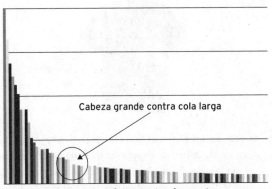

Cabeza grande contra cola larga

Tráfico de las páginas web más populares

Estos gigantescos mercados (Amazon, Netflix, iTunes, etcétera) dependen de las erróneas esperanzas y sueños de los individuos que pueblan la cola larga. Cada uno lucha por separado. Pero si se miran en conjunto, son un buen negocio.

LA CAMISETA DEL DÍA DE LOS INOCENTES, LA PASCUA JUDÍA, LA SEMANA SANTA Y EL CUMPLEAÑOS

Veamos ahora un ejemplo claro de lo que es la vida en la cola larga. El otro día vi una camiseta en venta en Amazon que tenía estampado lo siguiente: «Es Semana Santa, la Pascua judía, el Día de los Inocentes y mi cumpleaños».

Se trata, evidentemente, de un producto de interés especial, un producto que seguramente no se vende por un valor equivalente al esfuerzo que lleva implícito. Al fin y al cabo, solo una de cada 365 personas cumpliría los requisitos para llevar una camiseta como esa, y tal vez una entre mil la llevaría y, no sé, quizá uno de entre un centenar de amigos de esa persona pensaría en buscarla, por lo más probable es que el vendedor haya vendido cuatro unidades.

Pero allí estaba.

Siguiendo con mi búsqueda, encontré camisetas como esta:

Legendario
desde
el 6 de abril
de 1988

Oh, ya veo. Es un negocio de cola larga. Unas pocas empresas fabrican decenas de miles de camisetas distintas. Las fabrican bajo pedido. La cola larga y el infinito espacio de almacenaje de Amazon lo hacen posible. Tal vez no vendan muchas unidades (si acaso venden alguna) de una camiseta *en particular*, pero si se consideran en conjunto, es razonable asumir que venden miles de camisetas al mes.

Si eres capaz de agregar un pedazo de la cola larga, podrías salir adelante. Pero lo que no puedes hacer es vender una única camiseta y vivir de ello.

Y esta es precisamente la falsa promesa de internet. Que puedes ser feliz con un fragmento minúsculo de la cola larga. Que cualquiera puede cantar o escribir o bailar o actuar o trabajar como *coach* o como artista *freelance*, y que, dado que todo el mundo funcionará así, a ti también te irá bien.

Pero no te irá bien, porque de eso no se puede vivir. Internet sí puede vivir de eso; Upwork, Fiverr, Netflix y Amazon sí pueden vivir de eso, pero tú no.

Nos llegan noticias de las excepciones, de chicos que ganan millones de dólares anuales con su canal de YouTube o de blogueros o amantes de la moda con millones de seguidores. Pero convertirse en una excepción no es una estrategia. Es un deseo.

EXISTE UNA SALIDA

Los cálculos que respaldan un éxito de ventas musical incluyen muchas cosas, además del beneficio que pueda generar vender muchas copias. De hecho, los éxitos de ventas son éxitos de ventas porque a la gente le gustan los éxitos de ventas.

Nos gusta hacer lo que hace todo el mundo.

(*Todo el mundo* significa «todo el mundo como nosotros».)

Probablemente, habrás adivinado la estrategia: dividiendo el mercado en muchas curvas, no solo una, acabaremos con muchas cabezas grandes y muchas largas colas.

Tenemos el mercado de la ficción literaria enfocada a adolescentes. El mercado de los libros sobre la talla de madera. El mercado de los cursos en video sobre cómo utilizar una cámara GH5 para filmar películas. Y el mercado de la improvisación teatral.

Existe incluso el mercado de la música *drone,* que suena tan fuerte que el público tiene que protegerse los oídos con alguna cosa.

En todos estos mercados, y en un millón de mercados más, existe la necesidad de una cabeza grande (al menos después de que alguien haya conectado entre sí a la gente que integra ese mercado) para que sus integrantes se den cuenta de que existen, para que puedan verse entre ellos, y para que entiendan cuál es el éxito de ventas.

Porque lo que conecta a estas personas es ese éxito de ventas.

Cuando lo conozcan, lo más probable es que lo quieran.

Lo cual significa que vivir de la cola larga tiene dos elementos esenciales:

1. La creación de la contribución definitiva a ese campo, la contribución esencial, la extraordinaria.
2. El elemento de conexión del mercado para el que lo has diseñado, que facilita que sus integrantes vean que tú perteneces a la cabeza grande. Que este éxito de ventas es el pegamento que los mantiene unidos.

Rocky Horror Show se sitúa en la cabeza grande. Igual que el taladro percutor DeWalt 20V Max XR con baterías de litio.

Es el éxito de ventas que nos une. El que deja claro que tú eres para gente como nosotros.

Sí, internet es una herramienta de descubrimiento. Pero no, nadie te descubrirá a través de ella.

El impacto tendrás que crearlo uniendo a aquellos a quienes pretendes ofrecer tus servicios.

TENDIENDO UN PUENTE SOBRE EL ABISMO

No tenemos ni idea de quién descubrió la sima, ni de a quién se le ocurrió el nombre del Gran Cañón, pero sí sabemos que Geoff Moore descubrió el abismo. El abismo es ese vacío letal, a menudo ignorado, que presenta la curva de Rogers, la curva que explica cómo se difunden las ideas a través de la cultura.

Los usuarios pioneros son los primeros. Compran productos y servicios porque son nuevos, resultan interesantes y algo arriesgados.

Lo hacen porque les *gustan* las cosas nuevas, interesantes y algo arriesgadas.

Lo cual presenta un problema. No hay neófilos suficientes como para salir adelante. Las grandes compañías, los movimientos de masas y los beneficios sustanciosos dependen en general del mercado de masas; necesitan la acción de todos nosotros.

El mercado de masas es el lugar donde habitan Heinz, Star-bucks, JetBlue, la American Heart Association, Amazon y cientos de entidades y empresas más.

¿Cómo llegar hasta allí?

La respuesta intuitiva es que los usuarios pioneros llevarán tu idea a las masas, y que así lo habrás conseguido.

Pero, a menudo, no suele ser el caso.

Y no suele ser el caso porque lo que quiere el mercado de masas no es lo mismo que quieren los usuarios pioneros. El mercado de masas quiere *algo que funcione*. Algo seguro. Un encaje de patrón, no una interrupción de patrón. Se toma muy en serio lo de «la gente como nosotros hace cosas como esta».

Lo que Moore destacó es que las innovaciones que se deslizan de una parte del mercado hacia la otra son muy pocas. Y es así porque, para satisfacer a los usuarios pioneros, hay que molestar a las masas. Precisamente, lo que consigue una innovación (romper con el estado de cosas) es justo lo que el mercado de masas no quiere que suceda.

El mercado de masas no quiere renunciar a sus DVD. No quiere aprender los detalles de una nueva plataforma de software. No quiere utilizar el formato electrónico para leer las noticias.

Para comprender cómo se percibe esta colisión, basta con que pases un par de horas en el mostrador de atención al cliente de una tienda Apple. Observa quién acude y por qué. Escucha sus preguntas y presta atención a las expresiones faciales.

La parte central de la curva no adopta la innovación con entusiasmo. Se adapta a duras penas. Por eso han elegido situarse en la parte central de la curva.

¿DÓNDE ESTÁ TU PUENTE?

El puente que ayuda a cruzar el abismo se encuentra en los efectos de las redes de contactos. Los éxitos de marketing que han tenido un crecimiento rápido se han difundido porque son ideas que funcionan mejor cuando todo el mundo las conoce.

Los usuarios pioneros tienen un incentivo importante para conseguir que tu idea cruce el abismo y llegue a las masas: su vida mejorará si todos los integrantes de su red de contactos utilizan también esa idea.

Hablar sobre un nuevo tipo de chocolate que te encanta no tiene mucho sentido. Tu vida no mejorará por mucho que los demás también lo coman.

Por otro lado, dedicas mucho tiempo a contarle a la gente las maravillas de Snapchat, Instagram o Twitter, porque sabes que si tus amigos te siguen, tu vida mejorará.

Así funciona el potente engranaje de las redes de contactos. *Las tribus conectadas son más poderosas que las que están desconectadas.* Los individuos que se incorporan en un primer momento tienen un incentivo para arrastrar a los demás, y por eso actúan.

No se trata solo de la tecnología, evidentemente, aunque con frecuencia ha sido la fuerza impulsora de las interrupciones de patrón que han reformado nuestra cultura.

Organizar un viaje en autocar a Washington D. C. para protestar contra la violencia de las armas de fuego supone para mí un incentivo. Cuantos más seamos, mejor; no solo crearemos más impacto, sino que la jornada será también más divertida.

Conseguir que mis amigos se apunten al programa municipal de apoyo a los agricultores, por el cual los agricultores comparten con los usuarios una parte de su cosecha, supone para mí un incentivo. Los agricultores no pueden sostener el programa si no hay suficiente gente apuntada, de modo que, cuantos más suscriptores haya, mejor variedad de productos tendremos todos.

El movimiento de ideas entre personas similares es nuestra forma de cruzar el abismo. Se trata de proporcionar a la gente un efecto red de contactos que haga que la molestia de tener que hablar sobre el cambio para que cada vez sean más los que se sumen a él, haya merecido la pena.

El puente se construye sobre dos preguntas muy simples:

1. ¿Qué les explicaré a mis amigos?
2. ¿Por qué se lo explicaré?

Nadie se lo comentará a sus amigos por el mero hecho de que le apetezca contárselo, ni porque tú le hayas pedido que lo haga ni porque hayas trabajado muy duro en tu idea.

Hay que darle a la gente un porqué. Y ese porqué tiene que ver con cambiar lo que le ofreces. Con mejorar las cosas haciendo cosas mejores, cosas que tengan un efecto red de contactos, un efecto engranaje, una razón por la que apetezca compartirlo con los demás.

SOBREVIVIR AL ABISMO

El ciclo de sobreexpectación de Gartner es un brillante metanálisis de los cambios culturales.

El desencadenante de la tecnología abre las puertas a tu idea, a la contribución que quieres hacer. Interrumpe un patrón.

En ese momento, el marketing puede ayudarte a llegar a los neófilos. Inevitablemente, estos usuarios pioneros sobredimensionarán las expectativas sobre tu trabajo. Por supuesto que lo harán. Es uno de los principales motivos por los que son usuarios pioneros.

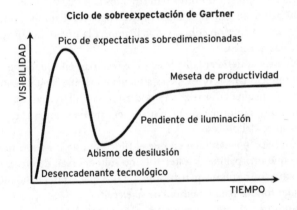

Ciclo de sobreexpectación de Gartner

Cuando la idea se presente al mercado, será difícil que alcance las expectativas depositadas en ella. De ahí el abismo. Es otra forma de ver el abismo de Moore. En este momento, cuando los neófilos ya se han cansado de ti y el mercado de masas te desdeña, probablemente perderás inercia. Es el momento en que necesitarás un puente, una nueva manera de adentrarte en la cultura con historias que encajen con la visión del mundo de este nuevo mercado, más conservador.

Y, entonces, con insistencia generosa, podrás ascender la pendiente hacia la nueva meseta, el lugar donde te vuelves indispensable para las masas. Un nuevo patrón que sustituye el antiguo.

ES POSIBLE QUE NO ENCUENTRES EL PUENTE

Hace años, mi equipo de Squidoo lanzó al mercado <hugdug.com>.

El concepto de HugDug era muy simple: la posibilidad de crear una página (en tan solo cuatro minutos) con el comentario de cualquier producto de Amazon que te gustara. Si elegías un libro, por ejemplo, la página te aportaría la portada, el título y un botón con un enlace.

Allí podrías incorporar tu comentario y un montón de contenido relevante.

Si alguien localizaba la página y compraba el libro, Amazon nos pagaría un *royalty*, y nosotros remitiríamos la mitad del importe a la organización sin ánimo de lucro que tú eligieras. (Esto fue años antes de <smile.amazon.com>, y donábamos a la organización veinte veces más que ellos.)

Nuestra apuesta era que los autores estarían encantados de poder promocionar sus libros de esta manera: era más fácil de controlar que su página en Amazon, y podrían enorgullecerse de ser propietarios de la información presentada, eso sin mencionar el espíritu filantrópico del proceso.

Confiábamos también en que el típico fan de Pinterest descubriera que una página de este estilo no solo era fácil de crear, sino que, además, resultaba gratificante, puesto que estaría ayudando a recaudar fondos para una causa de su elección.

Nuestra tesis era que podríamos encontrar los usuarios pioneros, los neófilos ansiosos por probar las novedades que aparecían en internet. Creíamos que, en cuanto vieran que funcionaba, seguirían haciéndolo, y así iríamos avanzando en la cola larga y generando miles de páginas.

También creíamos que, cuando corriera la voz, incorporaríamos a los autores, que se convertirían en los peces gordos, y promocionarían sus libros como locos.

Y que, al ver alguna de las páginas de HugDug, la gente no solo compraría al mismo ritmo con que estaba comprando en Amazon (al fin y al cabo, los productos estaban al mismo precio), sino que, además, crearía sus propias páginas (con lo cual harían subir su estatus, puesto que compartirían sus puntos de vista entre una élite, y todo ello al servicio de la filantropía).

Trabajamos durante meses, pero no funcionó.

Creo que la principal causa del fracaso fue que, mientras estábamos en fase de prueba (creamos miles de páginas), no logramos encontrar ningún pez gordo. Solo seis personas crearon más de una docena de páginas o promocionaron sus páginas con entusiasmo.

La tensión se disipaba con excesiva rapidez. La gente no encontraba una buena razón para volver a la página después de visitarla. La cola larga era tan larga que no era excepcional que una página de HugDug vendiese cero libros en todo un mes. Y la mayoría de la gente se mostraba reacia a promocionar su página, porque, aun siendo más fácil, seguía siendo emocionalmente complicado presionar a los amigos para que visitasen una página de venta electrónica.

La lección a aprender de aquello fue que conseguir un éxito como el de la web de micromecenazgo Kickstarter es mucho más complicado de lo que parece. Fuimos ingenuos al creer que cuatro meses serían suficientes para crear un éxito de la noche a la mañana. Infravaloramos lo difícil que puede llegar a ser generar incentivos suficientes, y, sobre todo, no supimos crear la tensión dinámica necesaria para transformar a nuestros primeros usuarios en embajadores conectados y capaces de mover el engranaje durante la travesía del abismo.

No nos esforzamos lo bastante en explicar una historia sobre el estatus que podían alcanzar gracias a nuestra página, y no fuimos lo suficientemente concretos en cuanto a quiénes serían nuestros primeros clientes y qué cosas querrían, en qué creerían y qué dirían.

CASO DE ESTUDIO:
FACEBOOK Y EL CRUCE DEL GRAN ABISMO

Muy pocas marcas han cruzado por completo el abismo que nos separa del mercado de masas. Starbucks, que conocerán la mayoría de quienes estén leyendo este libro, no ha recorrido todo el camino, tampoco Heineken, por ejemplo.

Pero Facebook sí.

El siguiente gráfico muestra lo que estoy intentando explicar.

Las barras representan el número de usuarios anuales (el mes de captura de datos puede cambiar de un año a otro, pero el concepto es el mismo). Hacia mediados de 2008, una gran cantidad de gente normal y corriente empezó a utilizar Facebook.

El salto se produjo porque la razón por la cual apuntarse a Facebook cambió de «esto parece interesante» a «esto me ayudará increíblemente» y, luego, a «debo de ser la última persona del planeta que no está aún utilizándolo».

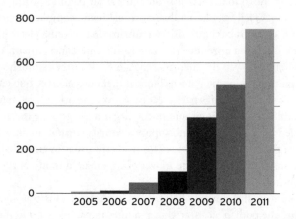

Que la iniciativa iniciara su desarrollo en Harvard es parte del secreto. El inseguro estudiante de Harvard tenía una necesidad de estatus urgente: averiguar qué posición ocupaba en el orden jerárquico.

Cuando corrió la voz entre las prestigiosas universidades de la Ivy League, Facebook empezó a cruzar abismos locales. En cada una de esas universidades, el proceso lo inició un neófilo (porque a los neófilos les gusta ser los primeros), pero el engranaje implacable del estatus siguió corriendo la voz. Cuantos más amigos tenías en Facebook, más elevado era tu estatus. Los que ya estaban en Facebook (otros estudiantes de la Ivy League) tenían un estatus que era de admirar. Facebook plantó su semilla en el mejor lugar posible, un espacio poblado por jóvenes inseguros de estatus elevado con conexiones a internet rápidas, con mucho tiempo libre y con un deseo insaciable de ser vistos, de conectar, de ascender en una jerarquía invisible.

Después de que corriera la voz entre la tribu local, saltar a otras universidades fue fácil, y, luego, finalmente, también se pudo saltar al público en general.

El salto de este último abismo es el salto multimillonario. Y, una vez más, el estatus tuvo mucho que ver. Facebook fue capaz de combinar frikismo con estatus, fue capaz de envolver la parte central del mercado y crear un engranaje irresistible. O te sumas al carro o te enfrentarás a tu peor pesadilla: verte aislado socialmente.

Por mucho que a los profesionales del marketing nos encantaría dar este último y gigantesco paso, es poco probable que lo consigamos. El mercado es demasiado grande, y el efecto red de contactos típico no es tan fuerte como para abarcarlo todo.

CRUZANDO EL ABISMO LOCAL

La buena noticia, de todos modos, es que no es necesario que te pongas como objetivo cruzar el abismo global. Con que cruces un abismo local puedes cambiarlo todo.

La escuela de enseñanza primaria de una pequeña ciudad es un buen ejemplo. El lunes, un niño aparece con un yoyo. Pero se trata del niño inadecuado y del día inadecuado.

Unas semanas más tarde, una niña carismática de quinto de primaria se presenta con su yoyo y anuncia que piensa fundar el Sindicato del Yoyo, un club exclusivo abierto a todo el mundo. Domina bastante bien los trucos del yoyo, pero no lo suficiente como para resultar intimidadora. Además, ha traído de su casa tres yoyos más para compartir con sus amistades.

Los cuatro amigos salen al patio a la hora del recreo y empiezan a practicar el truco del perrito y el del dormilón. La niña ha elegido a sus compañeros con inteligencia, cada uno de los usuarios pioneros es un líder hecho y derecho. Una semana después, ya hay treinta niños jugando al yoyo a la hora del recreo. El costo de entrada es bajo, la recompensa es rápida, y la conexión es real.

Una semana más tarde, el colegio entero está jugando al yoyo.

Pero los yoyos son una moda pasajera, algo que no arraiga, y la fiebre se enfrió con la misma rapidez con que se propagó. Naturalmente, si construyes una identidad y tienes persistencia, no tendría por qué ser así.

Y ese abismo también lo cruzaron las botas Ugg, las mochilas negras, los monopatines de plástico.

El público en general se percata únicamente de las ideas que cruzan el abismo local, pero los usuarios pioneros están siempre experimentando en los extremos. Los demás solo nos percatamos de esas ideas en los casos en que la combinación entre adopción y efecto red de contactos genera la tensión necesaria para que consiga cruzar el abismo local.

AGUA LIMPIA EN UN PEQUEÑO POBLADO

Para los afortunados y los privilegiados, el agua limpia es un bien común. Nunca hemos conocido otra forma de agua.

Pero, para mil millones de personas repartidas por todo el planeta, la norma es el agua sucia, infestada de parásitos. En muchas ocasiones, hay que caminar varias horas para conseguir esa agua, un producto esencial para la vida, pero que también provoca numerosas enfermedades.

Estudiemos el caso de Water Health International (WHI). Cuando WHI llega a un pueblo con su quiosco de purificación de agua, algunos de sus habitantes comprenden de inmediato la posibilidad de que aquello tenga un gran impacto. Compran a WHI una garrafa especial y pagan para poder rellenarla a diario. Los pocos céntimos que gastan en agua limpia, los recuperan rápidamente en forma de ahorro de tiempo, incremento de productividad y menos gastos médicos.

Pero, con todo y con eso, no todo el mundo decide comprar agua de entrada. De hecho, la mayoría no la compra, y el agua sigue exactamente la misma curva de adopción que presenta cualquier producto, desde los juguetes hasta las computadoras. Los usuarios pioneros la compran en primer lugar. Pueden tener la educación suficiente como para entender que el agua limpia es un producto importante, pero es más probable que la compren simplemente porque les gusta comprar novedades.

Los usuarios pioneros no solo están ansiosos por ser los primeros, sino que, además, están ansiosos por hablar sobre su experiencia. Las garrafas de colores intensos que facilita WHI (para diferenciarlas y saber que no están rellenando una garrafa infectada) son un emblema de honor y una invitación a la conversación. Pero, aun así, los primeros días se desarrollan con lentitud. Cambiar una costumbre de muchas generaciones tan relacionada con la supervivencia como es el consumo de agua no es algo que se produzca de la noche a la mañana.

Pero los usuarios pioneros no paran de hablar del tema. No es una moda pasajera. El agua limpia es una necesidad diaria y eterna. Y el agua es un producto fácil de compartir y de comentar.

Para incentivar el cambio, WHI envía un representante a la escuela del pueblo. Armado con un microscopio con proyector, el especialista trabaja en colaboración con los maestros y pide a cada alumno que traiga una muestra de agua de su casa.

Al proyectar las muestras en la pared, el microscopio está contando una historia clara y patente que toca la fibra sensible de los niños de ocho años que ocupan el aula. Esto son los gérmenes. Esto son los parásitos. Inevitablemente, los alumnos se lo cuentan a sus padres en cuanto llegan a casa.

Y entonces es cuando entra en juego el estatus.

Cuando tu hijo te comenta que los vecinos tienen agua limpia... y tú no. Cuando ves que los miembros respetados de la jerarquía del pueblo van arriba y abajo con sus llamativas garrafas. Cuando dudas recibir a alguien en tu casa porque no tienes agua limpia que ofrecerle.

Es un engranaje, pero que no está basado en los evidentes efectos del software en red. Sino basado en el efecto red de contactos original, el que se genera entre la gente que vive en proximidad. Y a medida que la gente del pueblo disfruta de agua limpia, los que no la tienen empiezan a quedarse socialmente aislados y a sentirse como tontos. La mayoría puede permitirse comprar esa agua (porque supone un ahorro de tiempo y gastos sanitarios), pero el cambio emocional es la parte más complicada.

En cuestión de pocos meses, el agua ha cruzado el abismo local y ha pasado de los usuarios pioneros al resto del pueblo.

UN APARTE SOBRE MARKETING B2B

B2B es la abreviatura de *business to business*, «negocio a negocio», cuando una empresa vende un producto o servicio a otra empresa.

El B2B constituye un tercio o más de muchos mercados. Y con el marketing B2B sucede lo mismo.

Parece complicado, un mundo totalmente aparte. Cifras estratosféricas, solicitudes de propuestas, el objetivo de cumplir las especificaciones dominándolo todo, la guerra de precios, ciclos de venta larguísimos, y diversión cero.

Pero es mucho más sencillo de lo que parece.

Piensa en el crecimiento de la certificación estadounidense Leadership in Energy and Environmental Design, o LEED (Liderazgo en Energía y Diseño Medioambiental). El Green Building Council ha establecido un conjunto de estándares de eficiencia que los edificios (uno de los productos más caros del mundo) deben cumplir. Cuando lanzaron la iniciativa, solo se sometían a la certificación dos edificios al día.

Fueron los pioneros, arquitectos y constructores que querían algo nuevo de que hablar.

De seguir aquel ritmo, se habrían necesitado cien años para alcanzar las cifras que se alcanzaron luego en solo doce.

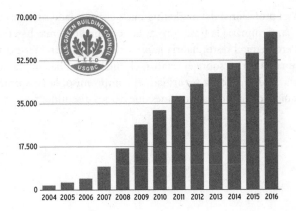

¿Qué pasó? Justo antes de que se produjera la crisis inmobiliaria, el número de certificaciones dio un salto, y siguió subiendo a partir de entonces. ¿Por qué?

Reflexiónalo unos instantes desde la visión del mundo del promotor inmobiliario. Está a punto de gastar una cantidad impresionante de dinero en la construcción de un edificio, un edificio para alquilar o para vender.

Una cantidad suficiente de gente que insista en tener la certificación LEED en el edificio que alquila o compra será bastante para otorgar estatus a quienes tienen uno de esos edificios. Y si decides eludir la certificación cuando construyes el edificio, tendrás que enfrentarte al arrepentimiento y el miedo porque tendrás un edificio que algunos considerarían defectuoso.

Y así se inicia la carrera hacia arriba.

Todo constructor tiene su narrativa, y esa narrativa acaba conduciendo a la decisión egoísta (pero definitivamente positiva) de obtener la certificación.

La única pregunta que la persona que trabaja en el departamento de compras de una empresa se formula es: «¿Qué le contaré a mi jefe?».

La respuesta que el marketing daría a esta pregunta es: «Si eliges esto, podrás contarle a tu junta directiva/inversores/jefe que has...?».

Y el profesional del marketing que se ha quedado sin ideas o sin energía, terminaría la frase con «... has comprado lo más barato».

Pero, para el resto, habría la oportunidad de terminar esa frase con una narrativa sobre el estatus, el miedo, la afiliación, la pertenencia, el dominio, la seguridad, el compromiso, la perspicacia o cualquiera de las otras emociones que hemos discutido.

20. La organización y el liderazgo de la tribu

NO ES TU TRIBU

Esto es lo primero que le digo a quienes hablan sobre la gente con la que tienen la suerte de trabajar y liderar.

La tribu no te pertenece y, por lo tanto, no tienes que decir a sus miembros qué tienen que hacer ni utilizarlos para alcanzar tus objetivos.

Si eres afortunado, habrá una tribu que te escuchará y tendrá en cuenta lo que digas.

Si tienes suerte, interpretarán tus palabras del modo que consideren que podrán ayudarles a hacer realidad la misión de la tribu y tú tendrás la oportunidad de volver a hacerlo.

Y, si inviertes en ellos, te enseñarán qué quieren y qué necesitan. Crearás un vínculo de empatía con ellos, comprenderás su narrativa y les ofrecerás de nuevo tus servicios.

Lo más probable es que, si te fueras, la tribu sobreviviría. El objetivo es que te echen de menos si te vas.

EL PODER DEL AHORA, NO DEL DESPUÉS

Marshall Ganz es un brillante profesor de Harvard que ha trabajado tanto con el activista del campesinado estadounidense César Chávez como con Barack Obama. Ha articulado una sencilla narrativa para la acción que consta de tres pasos: la historia del yo, la historia del nosotros y la historia del ahora.

La historia del yo te da una posición, una plataforma desde la que hablar. Cuando hablas sobre tu transición —desde lo que eras hasta aquello en lo que te has convertido—, estás siendo generoso con nosotros.

No se trata de equiparar tu situación a una catástrofe ni de la falsa empatía de la vulnerabilidad *online*. Sino que la historia del yo es *tu oportunidad de explicar que tú eres gente como nosotros*. Que también hiciste cosas así. Que tus actos te guiaron hacia un cambio, un cambio sobre el que queremos oír hablar, que queremos ver y queremos comprender.

La historia del nosotros es la semilla de la tribu. ¿Por qué somos parecidos? ¿Por qué tendría que importarnos eso? ¿Soy capaz de encontrar la empatía necesaria para ponerme en tu lugar?

La historia del nosotros gira en torno a estar juntos, no separados. Explica por qué tu historia del yo es relevante para nosotros y cómo nos beneficiaremos de ella cuando formamos parte de gente como nosotros.

Y **la historia del ahora** es el eje crítico sobre el que gira todo. La historia del ahora recluta a la tribu para que se sume a tu viaje. Es la oportunidad del semejante, la presión del semejante de la tribu que proporcionará la tensión para que todos nosotros avancemos juntos.

Yo era como tú. Yo estaba en el desierto. Pero aprendí una cosa y gracias a eso ahora estoy aquí.

Y no estoy solo, naturalmente. Todo esto no lo he hecho solo, y veo en ti el mismo dolor que en su día veía en mí. Juntos, podemos hacer que la situación sea mejor.

Pero, si dudamos, o si dejamos a los demás atrás, no funcionará. La urgencia del ahora exige que lo hagamos juntos, sin demora, sin remordimientos, sin sucumbir a nuestros miedos.

Historia del yo.

Historia del nosotros.

Historia del ahora.

Veamos un sencillo ejemplo: «Antiguamente tenía un sobrepeso de veinte kilos. Mi salud era penosa y mis relaciones eran nefastas. Entonces descubrí el patinaje artístico de competición. Al principio fue duro; pero, gracias a las nuevas amistades que hice en la pista de hielo, llegó un momento en que empezó a ser divertido. En cuestión de pocos meses, yo había perdido un montón de kilos; y, lo que es más importante, me sentía bien conmigo mismo.

»Pero la verdadera victoria fueron las amistades que hice. Descubrí que no solo me sentía estupendamente desde el punto de vista físico, sino que estar en la pista de hielo con gente —con viejos amigos como tú y con las nuevas amistades que había hecho—, me hacía sentir más vivo.

»Me alegro muchísimo de que hoy hayas accedido a acompañarme a patinar. He llamado antes para reservarte unos patines de alquiler...»

En el primer párrafo, conocemos la historia de nuestro amigo, una narrativa que explica cómo ha ido de allí hasta aquí.

En el segundo, conocemos cómo el proceso ha cambiado las relaciones de nuestro amigo, incluyendo en ellas a gente como nosotros.

Y en el tercer párrafo, hay una llamada a la acción, una razón para hacer algo ahora mismo.

LA MANIPULACIÓN MATA A LA TRIBU

En *Tratado para radicales*, el destacado sociólogo y activista Saul Alinsky, presentó trece principios que pueden utilizarse en el juego de suma cero dentro de un entorno político para desanimar y derrotar al enemigo:

1. «El poder no es solo lo que tienes, sino lo que el enemigo cree que tienes».
2. «No salgas nunca del campo de experiencia de tu gente.»

3. «En cuanto puedas, sal del campo de experiencia de tu enemigo.»
4. «Haz que el enemigo respete su propio manual de reglas.»
5. «El ridículo es el arma más poderosa del hombre.»
6. «Una buena táctica es aquella con la que tu gente disfruta.»
7. «Una táctica que se alarga demasiado en el tiempo se convierte en un aburrimiento.»
8. «Mantén la presión.»
9. «La amenaza es por lo general más terrorífica que la acción en sí.»
10. «La principal premisa del uso de tácticas es que deben desarrollarse en operaciones que mantengan una presión constante sobre la oposición.»
11. «Si utilizas una desventaja llevándola a su máxima expresión, obtendrás una ventaja.»
12. «El precio de un ataque con éxito es una alternativa constructiva.»
13. «Elige el blanco, inmovilízalo, personalízalo y polarízalo.»

Pero, por desgracia, ambos bandos suelen utilizar este enfoque en prácticamente cualquier asunto, y hacen trizas el discurso civil. Cuando estás tan seguro de que tienes razón, hasta el punto de estar dispuesto a quemarlo todo, resulta que todo el mundo acaba, tarde o temprano, en un edificio en llamas.

¿Y qué pasaría si invirtiéramos las reglas?:

1. «Pon la gente a trabajar. Es más efectivo incluso que el dinero».
2. «Desafía a tu gente para que explore, aprenda y se sienta cómoda con la incertidumbre.»
3. «Encuentra maneras de ayudar a los demás en el camino que lleva a encontrar un punto de apoyo firme.»
4. «Ayuda a los demás a escribir reglas que les permitan alcanzar sus objetivos.»
5. «Trata a los demás como te gustaría que te traten a ti.»
6. «No critiques por diversión. Hazlo cuando ayude a educar, aunque no sea divertido.»

7. «Aférrate a tu táctica aun cuando los demás se hayan aburrido de ella. Desestímala solo cuando deje de funcionar.»

8. «Prescindir de la presión de vez en cuando es aceptable. La gente te prestará atención, a ti y al cambio que persigues, cuando se vea incapaz de ignorarla constantemente.»

9. «No profieras amenazas. O lo haces o no lo haces.»

10. «Construye un equipo con la capacidad y la paciencia necesarias para hacer el trabajo que se tiene que hacer.»

11. «Si aportas ideas positivas al foro, una y otra vez, subirás el listón de todos los demás.»

12. «Solventa tus propios problemas antes de dedicar mucho tiempo a buscar problemas para los demás.»

13. «Homenajea a tu gente, libérala de hacer aún más, preocúpate por el grupo e invita a todo el mundo. Muéstrate en desacuerdo con las instituciones, no con la gente.»

Estos trece principios tienen que ver con la misión del profesional del marketing. Comprometerse con la gente y ayudarle a crear el cambio al que aspira. Comprender su visión del mundo y hablar y actuar en línea con lo que es y con lo que quiere. Conectar a la gente entre sí en un juego de posibilidades infinitas.

INTERESES COMPARTIDOS, OBJETIVOS COMPARTIDOS, LENGUAJE COMPARTIDO

Una tribu no tiene por qué tener un líder, pero suele estar integrada por individuos que comparten intereses, objetivos y lenguaje.

Tu oportunidad como profesional del marketing es la oportunidad de conectar a los miembros de la tribu. Están solos y desconectados, temen pasar desapercibidos, y tú, como agente de cambio, puedes facilitar la conexión.

Puedes crear intencionadamente artefactos culturales, utilizar roles de estatus para dar un significado especial a un tipo de vestimenta, a una serie de palabras clave o incluso a esa forma secreta de saludarse con un apretón de manos que solo conocen los miembros de la tribu. Puedes ser Betsy Ross y coser la bandera (Betsy Ross en sí misma, el concepto de Betsy Ross, es un símbolo).*

No lo cuentes todo, y no lo hagas evidente. Los saludos secretos, los huevos de Pascua escondidos y las características desconocidas están bien. Está bien que el compromiso y la longevidad sean ventajas adicionales.

Puedes retar a la tribu a ir más lejos, animarla a que ella misma establezca sus objetivos e impulsarla a seguir avanzando.

Cuando Nike invirtió millones de dólares en la iniciativa Breaking2, un intento estratosférico de romper la barrera de las dos horas en la maratón, estaba comprometiéndose y desafiando a la tribu. Aunque no se alcanzase el objetivo, la apuesta era ganadora, tanto para ellos como para los miembros de la tribu que organizaron a su alrededor.

Por encima de todo, la tribu espera de ti que te comprometas.

Saben que la mayoría de los profesionales del marketing son gente que no es trigo limpio, que se limitan a llamar a la puerta y seguir a la suya. Pero algunos..., algunos se mantienen en sus trece y se comprometen. Y a cambio, la tribu se compromete con ellos.

Porque en cuanto entras a formar parte de una tribu, tu éxito es el éxito de todos.

SI TE OLVIDAS DE ELLO, SE DISIPARÁ

Existe la esperanza de poder poner en marcha un movimiento, y, luego, cuando adquiera vida propia, apartarse del mismo.

Es la visión de que, una vez consigas cruzar el abismo local, te convertirás en parte permanente de la cultura y podrás pasar al siguiente reto.

Pero eso sucede en contadas ocasiones.

Los usuarios pioneros siempre se sentirán atraídos hacia nuevas ideas que los acecharán y que harán que sean los primeros en marchar.

---

* A Betsy Ross (1752-1836) se la considera popularmente como la creadora del diseño de la bandera de Estados Unidos donde se representaban las Trece Colonias. *(N. de la T.)*

Pero los que admiran el *statu quo* también podrían acabar marchándose cuando la tensión se esfume. Habrán acogido con ganas y durante un tiempo tu restaurante, tu software o tu movimiento espiritual, pero el *statu quo*, aquel que abandonaron en su día para venir a ti, sigue existiendo y, sin *inputs* insistentes y constantes y sin una nueva tensión, podrían ir alejándose de ti.

En este proceso existe una vida media. Cuando una conducta tribal no se mantiene con energía, la mitad de su actividad acaba desapareciendo. Al cabo de un día, al cabo de un mes, al cabo de un año... No está claro dónde se sitúa la vida media de un movimiento determinado, pero es de esperar que acabe disipándose.

La alternativa es reinvertir. Tener las agallas necesarias para sentarse con tu gente en vez de distraerse persiguiendo la presa siguiente.

Los mejores profesionales del marketing son agricultores, no cazadores. Plantan, cultivan, aran, abonan, recogen, repiten. Deja que sean los demás los que vayan corriendo como locos detrás de objetos brillantes.

BUSCA UNA HABITACIÓN EN LA CIUDAD

Zig Ziglar era un vendedor puerta a puerta de artilugios de cocina. En los años sesenta, ese era un buen trabajo.

La práctica totalidad de los tres mil representantes de su compañía seguía el mismo plan. Llenaban el coche de muestras y se echaban a la carretera. Visitaban una ciudad, hacían todas las ventas fáciles, volvían a subir el coche y se dirigían a la ciudad siguiente.

Los usuarios pioneros, como hemos visto, son los más fáciles de encontrar y a los que menos cuesta vender.

Pero Zig seguía una estrategia distinta.

Subía al coche, localizaba una nueva ciudad y se instalaba. Buscaba una habitación y se quedaba allí varias semanas seguidas. Visitaba y visitaba sin parar.

Evidentemente, tenía la misma cantidad de ventas a usuarios pioneros que los demás vendedores. Pero entonces la gente veía que no se marchaba de la ciudad, como hacían habitualmente todos los vendedores. Sino que se quedaba allí.

Organizaba cenas de demostración y acababa conociendo a todo el mundo. En el transcurso de un mes, podía quedar cinco, seis o siete veces con gente situada en la parte intermedia de la curva.

Que es precisamente lo que este tipo de persona quiere antes de tomar una decisión.

Zig hacía sus cálculos. Entendía que a pesar de que la mayoría de los vendedores salían corriendo en cuanto tropezaban con el abismo, era posible construir un puente humano. Había días sin ninguna venta, pero no pasaba nada, porque sabía que en cuanto cruzaba el abismo local, el volumen de ventas compensaría con creces el tiempo invertido.

Las ventas fáciles no son siempre las importantes.

21. Algunos casos de estudio utilizando el método

«¿CÓMO CONSIGO UN AGENTE?»

Esta es la pregunta que guionistas, directores y actores escuchan constantemente. Las puertas de la industria cinematográfica tienen sus guardianes, y ninguno de estos personajes tiene la llave. La respuesta está en un agente.

Tal y como Brian Koppelman destaca generosamente, el modo de funcionamiento no es tan directo como podría parecer. Sí, por supuesto, el agente se encargará de gestionar con profesionalidad las llamadas que tengas que hacer y recibir, pero de ningún modo se convertirá en tu representante a tiempo completo ni estará noche y día colgado al teléfono por ti ni te promocionará sin cesar en el sector.

El método no consiste en encontrar un agente. El método consiste en realizar un trabajo tan increíblemente mágico que agentes y productores vengan a buscarte.

A ti, que te interesaste lo bastante como para poner todas las cartas sobre la mesa, que te enamoraste de tus espectadores y de tu arte, que hiciste algo que importaba y tenía sentido.

No es necesario que sea una película de arte y ensayo o una obra potencialmente ganadora del premio Pulitzer. De hecho, funciona mejor si no presentas una creación completa y totalmente pulida.

El mejor trabajo será aquel que cree un desequilibrio en el espectador, que solo puede remediarse haciendo correr la voz, experimentándolo con alguien más. La tensión que genera este desequilibrio fuerza su difusión. Significa que la pregunta «¿has visto...?», hace subir el estatus de quien la formula, y que los defensores se multiplican.

Lo que importa es la conexión que consigas hacer. Todo el mundo tiene diez amigos, cincuenta compañeros de trabajo, cien conocidos. Y puedes persuadirlos para que vean tu trabajo... Y entonces ¿qué sucede?

Si es algo eléctrico, si crea un impacto, si se genera la tensión adecuada, tendrán que contárselo a alguien más.

Porque contárselo a los demás es lo que hace siempre el ser humano. Y muy en especial si trabajamos con ideas. Contarle a los demás cómo hemos cambiado es la única manera que tenemos de aliviar nuestra tensión.

Se trata del trabajo duro que hemos descubierto muchas páginas atrás. Del trabajo duro de decidir que esta es tu vocación, de presentarte delante de aquellos a quienes pretendes cambiar.

Haz eso en primer lugar.

TESLA ROMPIÓ ANTES OTROS COCHES

Cuando se lanzó al mercado el Tesla Model S, su principal función fue contar una historia que, para muchos neófilos del coche de lujo, acabaría con el coche que tenían en aquel momento.

«Acabaría» en el sentido de que conducirlo dejaba de ser divertido.

Porque ya no tenía gracia jactarse de él.

Porque ya no aumentaba su estatus de persona rica e inteligente, que era claramente más rica e inteligente que todos los demás.

Aquel propietario de un coche de lujo se acostó la noche anterior encantado con el coche que tenía en el garaje, nuevo, resplandeciente y con tecnología punta. Sabiendo que era un coche seguro, eficiente y valioso.

Pero, cuando se despertó al día siguiente, descubrió que aquella historia había dejado de ser verdad.

Tesla sabía que ninguno de los compradores de los primeros cincuenta mil Tesla necesitaba en realidad un coche. Que todos aquellos compradores tenían ya coches estupendos.

Por eso Elon Musk creó un coche que cambiaba la historia que aquel grupo concreto de gente se contaba a sí misma, una historia que destruía su estatus como usuarios pioneros, como frikis de la tecnología, como ecologistas y como defensores de lo audaz.

Todo a la vez.

A las compañías automovilísticas siempre les ha costado transformar los prototipos en coches reales. Presentan prototipos en las ferias y luego los normalizan, socializan las innovaciones, los hacen más similares al coche de verdad, que lleva años circulando por las carreteras.

Esas compañías no pueden lanzar Tesla al mercado. No porque no sepan hacerlo (que sí saben), y tampoco porque no tengan los recursos necesarios (que los tienen). No, Ford, GM y Toyota no han lanzado el Tesla al mercado porque las compañías automovilísticas como nosotros no corren riesgos como ese. Y sus clientes son de la misma opinión.

Crear un coche que pudiera tener el impacto que el Tesla tuvo en la historia de los coches de lujo no fue fácil. Musk decidió ir a por los extremos más difíciles al posicionar el coche en nombre de sus fans: es el coche más rápido, más seguro y más eficiente de su tamaño. Tres al precio de uno.

Este tipo de atrevimiento está cada vez más al alcance de las compañías, ya que los cambios tecnológicos están transformando la habitual pregunta «¿se puede hacer?» en «¿tenemos agallas para hacerlo?».

LA ASOCIACIÓN NACIONAL DEL RIFLE COMO MODELO A IMITAR

Existen pocas agrupaciones más controvertidas que la National Rifle Association (Asociación Nacional del Rifle), o NRA. Pero, como profesionales del marketing político/sin ánimo de lucro, no tienen parangón.

Tienen solo cinco millones de asociados, menos del dos por ciento de la población de Estados Unidos, pero han utilizado esa base para cambiar la actitud y el foco de atención de miles de legisladores. Las masas los vilipendian continuamente, pero ellos siguen frustrando expectativas en cuanto a su impacto, sus ingresos y su semblanza.

Cuando las asociaciones sin ánimo de lucro hablan de cambiar el corazón y la mente de la gente, cuando se ponen como objetivo llegar a «todo el mundo» y buscan hacerse cada vez más grandes, podrían fijarse y aprender de las lecciones estratégicas de la NRA. Al centrarse en el público mínimo viable (solo cinco millones de personas), la NRA se siente muy cómoda diciendo: «Esto no es para ti».

Al activar a sus miembros y facilitarles la labor de comentarlo con sus amistades, consiguen ejercer una fuerza significativa. Un estudio realizado por Pew muestra que los propietarios de armas presentan el doble de probabilidades de contactar con funcionarios del gobierno para comentarles sus problemas que quienes no poseen armas.

La NRA crea intencionadamente «gente como nosotros». Sus integrantes se sienten cómodos tanto con miembros de la asociación como con no miembros, y a menudo emiten declaraciones que son, en el mejor de los casos, agresivamente polémicas. Han forzado los límites de la cultura de manera importante, y no lo han hecho cambiando visiones del mundo, sino adoptándolas.

La NRA no es en absoluto mi versión de lo «mejor», pero está muy claro que tiene sentido para aquellos a quienes desea ofrecer sus servicios.

Su enfoque insistente y disciplinado a un problema es precisamente el secreto del cambio que han ejercido sobre nuestra cultura.

CÓMO CONSEGUIR QUE EL JEFE DIGA QUE SÍ

Una cosa es realizar labores de marketing dirigidas al mundo, y otra muy distinta dirigirlas hacia una persona..., como podría ser tu jefe.

Pero no es distinta. La verdad es que no.

Lo más probable es que tu jefe no tenga muchas ganas de cambiar su visión del mundo. Que quiera lo que siempre ha querido. Tu jefe ve las cosas a través de la lente de su experiencia, no de la tuya. Es consciente de quién es la gente como nosotros y de lo que pensamos. Quiere hacer cosas que le ayuden a alcanzar sus objetivos, entre los que seguramente se incluyen el estatus, la seguridad y el respeto.

Si abordas a tu jefe para exponerle lo que quieres, poniendo el foco en el precio, las especificaciones o una falsa urgencia, es poco probable que obtengas la respuesta que te gustaría.

Si lo abordas pidiéndole autoridad sin ofrecerle, además, responsabilidad, tampoco es probable que llegues muy lejos.

Pero, si eres capaz de profundizar y ver los roles de estatus, si puedes decodificar la diferencia entre dominio y afiliación, y si eres capaz de utilizar la confianza para conseguir que se apunte a tu causa, el proceso podría cambiar.

Producirás cosas mejores si ofreces tus servicios a aquellos a quienes enfocas tus labores de marketing. Convirtiéndolos de clientes en alumnos. Consiguiendo que se apunten a tu causa. Enseñando. Conectando. Paso a paso, gota a gota.

22. El marketing funciona, y ahora te toca a ti

LA TIRANÍA DE LA PERFECCIÓN

La perfección cierra la puerta. Declara que ya está, que mejor ya no podemos hacerlo.

Peor aún, la perfección nos prohíbe intentar. Buscar la perfección y no alcanzarla es un fracaso.

LA POSIBILIDAD DE LO MEJOR

Lo mejor abre la puerta. Lo mejor nos desafía a ver qué hay ahí y nos implora que nos imaginemos cómo podríamos mejorar a partir de eso.

Lo mejor nos invita a entrar y nos brinda la oportunidad de buscar una mejora dramática en nombre de aquellos a quienes deseamos ofrecer nuestros servicios.

LA MAGIA DE LO SUFICIENTEMENTE BUENO

Lo suficientemente bueno no es ni una excusa ni un atajo. Lo suficientemente bueno genera compromiso.

Y el compromiso genera confianza.

La confianza nos brinda la oportunidad de ver (siempre y cuando decidamos mirar).

Y ver nos permite aprender.

Aprender nos permite hacer una promesa.

Y una promesa puede conseguir suscripciones a nuestra causa.

Y las suscripciones a nuestra causa es precisamente lo que necesitamos para alcanzar lo mejor.

Entrega tu trabajo. Es suficientemente bueno.

Y, luego, hazlo mejor.

¡AYUDA!

Cuando ofrecemos ayuda, estamos siendo generosos.

Cuando pedimos ayuda, estamos confiando en que alguien nos vea y se preocupe por nosotros.

Por otro lado, si alguien se niega a ofrecernos ayuda o a pedírnosla, es porque está cerrado, a la defensiva, porque tiene miedo de los demás.

Si no hay conexión, es imposible mejorar nada.

23. El marketing para la persona más importante del mundo

¿**E**s malo el marketing?

Si consagras a una causa tiempo y dinero (con habilidad), podrás contar una historia que se difunda, que influya en la gente, que cambie maneras de actuar. El marketing puede hacer que la gente compre cosas que no habría comprado sin marketing, que vote a alguien que sin marketing no habría ni considerado y que dé su apoyo a una organización que sin marketing habría resultado invisible.

Si el marketing no funciona, estaremos desperdiciando una gran cantidad de esfuerzo (y dinero). Pero funciona.

¿Y todo esto hace que el marketing sea malo? En un artículo sobre mi blog publicado en la revista *Time*, el autor escribía en tono irónico: «Un punto de partida que difícilmente encontrarás: ¿Es malo el marketing? Basándome en una larga carrera en el sector, me veo obligado a responder: "Sí"».

De hecho, me gustaría corregir lo que dijo este especialista de la siguiente manera: «Un punto de partida que difícilmente encontrarás: ¿Son malos los profesionales del marketing? Basándome en una larga carrera en el sector, me veo obligado a responder: "Algunos"».

Considero que convencer a los niños de que empiecen a fumar es malo, igual que es malo manipular cínicamente los procesos electorales y políticos o mentirle a la gente con cosas que pueden tener efectos secundarios desastrosos. Considero que es malo vender un brebaje ineficaz cuando existe un medicamento efectivo que solucionaría el problema. Considero que es malo presentar nuevas formas de convertir en aceptable el hábito de fumar para poder ganar con ello unos cuantos dólares.

El marketing es bello cuando convence a la gente de la importancia de la vacuna contra la polio o de que hay que lavarse las manos antes de realizar una intervención quirúrgica. El marketing es poderoso cuando vende un producto a alguien que gracias a él disfruta de más alegría o mayor productividad. El marketing es mágico cuando sale elegido alguien capaz de cambiar la comunidad hacia mejor. Desde que Josiah Wedgwood inventó el marketing hace unos siglos, se ha utilizado para incrementar la productividad y la riqueza.

He tenido el descaro de decirte que lo que haces podría ser inmoral. Entrar a robar en una casa y prenderle fuego es inmoral, pero ¿es inmoral realizar labores de marketing para promocionar un procedimiento de ejecución hipotecaria? Si ese ejercicio de marketing funciona, si compensa el tiempo y el dinero que se han invertido en el tema, no me convencerás diciéndome que simplemente «estás haciendo tu trabajo». A mí me seguirá pareciendo mal.

Igual que sucede con cualquier herramienta potente, el impacto lo genera el artesano, no la herramienta. El marketing tiene en la actualidad más alcance y más velocidad que nunca. Con menos dinero, puedes tener más impacto del que cualquiera hubiera podido imaginar hace tan solo diez años. Y la pregunta que espero que te formules es la siguiente: «*¿Qué voy a hacer con este impacto?*».

En mi opinión, el marketing funciona para la sociedad cuando tanto el profesional del marketing como el consumidor son conscientes de lo que está pasando y cuando ambos se sienten satisfechos con el resultado final. No creo que sea malo hacer feliz a la gente vendiéndole cosméticos, porque la belleza no es el objetivo, sino el proceso que aporta felicidad. Por otro lado, echar a alguien de su casa para poder obtener una comisión por la venta...

Que podamos realizar labores de marketing para promocionar un producto o servicio no significa que tengamos que hacerlo. El poder está en tus manos, y, en consecuencia, tú eres el responsable de tus actos, independientemente de lo que tu jefe te diga que tienes que hacer.

La buena noticia es que yo no soy responsable de lo que es malo y de lo que no lo es. Tú, tus clientes y tus vecinos sois los responsables. Y mejor noticia es que el marketing ético y público acabará derrotando ese marketing que depende de las sombras.

Y AHORA, ¿QUÉ PIENSAS CONSTRUIR?

¿Qué hacemos con este ruido que retumba en nuestra cabeza?

¿Dónde encontramos la fuerza necesaria para aportar «lo mejor» al mundo?

¿Por qué es tan complicado desarrollar un punto de vista? ¿Por qué dudamos cuando le decimos al mundo: «Ten, he hecho esto»? ¿Y cuál es la alternativa a tantas dudas?

No parecen preguntas de marketing, pero, de hecho, si las dejas de lado y sin responder, se interpondrán en tu trabajo de marketing. Individuos que no están tan dotados ni son tan generosos como tú, giran sin cesar a tu alrededor y se presentan como profesionales. Y muchos, demasiada gente con algo que ofrecer, continúan conteniéndose.

Existe una diferencia entre ser bueno en lo que haces, ser bueno en hacer una cosa y ser bueno en marketing. Necesitamos tu trabajo, sin duda. Pero más aún necesitamos tu cambio.

Decidir hacer realidad el cambio es dar un salto. Es arriesgado, es una empresa cargada de responsabilidad. Y podría, además, no funcionar.

Si ofreces al mundo lo mejor de ti, tu mejor trabajo, y el mundo no lo recibe, es perfectamente posible que tu marketing sea malísimo.

Es perfectamente posible que no tengas empatía hacia lo que siente la gente.

Es perfectamente posible que hayas elegido los ejes equivocados, y que hayas fracasado en tu empeño de alcanzar los extremos.

Es perfectamente posible que hayas estado contando la historia equivocada a la persona equivocada de la manera equivocada el día correcto, o incluso el día equivocado.

Tranquilo, todo esto no tiene nada que ver contigo.

Tiene que ver con tu trabajo como profesional del marketing.

Y en eso se puede mejorar.

Aquello a lo que nos dedicamos —sea la cirugía, la jardinería o el marketing—, no es *nosotros*. Es el trabajo al que nos dedicamos.

Somos humanos. Nuestro trabajo no es nuestra persona. Como seres humanos, podemos elegir hacer ese trabajo y podemos elegir mejorar nuestro trabajo.

Si nos tomamos como algo personal cada vez que alguien no hace clic a un enlace o cada vez que alguien no renueva su suscripción, no podremos realizar nuestro trabajo como profesionales. Y, por lo tanto, nos quedaremos atascados en la búsqueda de la perfección. Atascados sin empatía. Atascados en un rincón, sangrando y sufriendo, porque nos sentiremos calumniados personalmente.

Una forma de evitar esto es comprendiendo que el marketing es un proceso y un trabajo artesanal.

Que el jarrón que acabas de fabricar en el torno se haya roto en el horno no significa que no seas buena persona. Significa simplemente que tu jarrón se ha roto y que tal vez unas cuantas clases de cerámica te ayudarían a avanzar. Eres capaz de hacerlo mejor.

Date cuenta que, como profesional del marketing, ese «lo mejor» que estás intentando enseñar o vender a la persona adecuada vale mucho más que lo que estás cobrando por ello.

Si lo que buscas es recaudar dinero para una organización benéfica, una persona solo decidirá donar cien, mil o un millón de dólares si obtiene a cambio más valor de lo que le cuesta la donación. Si estás vendiendo un artilugio por mil dólares, solo lo comprarán aquellos que piensen que ese artilugio vale más que esos mil dólares.

Cuando promocionamos alguna cosa con marketing, aportamos valor al mundo. Por eso la gente se compromete con nosotros.

Y si el cambio que estamos promocionando con marketing es un cambio en el que no gusta contribuir, estaremos robando.

Se trata de ofrecer más valor del que cobramos. De que sea una ganga. Un regalo.

Si dudas sobre promocionar correctamente tu oferta, no es que estés siendo tímido. No es que estés siendo prudente. Es que estás robando, porque ahí fuera hay alguien que necesita aprender de ti, comprometerse contigo, comprarte.

Alguien que se beneficiará de ese «lo mejor» que tú puedes aportar si te apartas de tu camino y lo promocionas con marketing.

Hay un estudiante que está listo para matricularse. Hay alguien que quiere una orientación, que quiere ir a algún lado. Si dudas de lanzarte al mercado con tu empatía, de escucharlos, estarás decepcionándonos.

La contribución del profesional del marketing consiste en estar dispuesto a ver y ser visto.

Para ello, tenemos que ser capaces de promocionarnos con marketing a nosotros mismos, de vendernos a diario. De vendernos explicando la diferencia que somos capaces de marcar si sabemos persistir con generosidad y afecto.

Piensa que, a diario, estás contándote a ti mismo una historia.

Podemos estar contándonos que estamos luchando. Podemos estar contándonos que somos unos desconocidos y que nos merecemos ser unos desconocidos. Podemos estar contándonos que somos unos farsantes, un fraude, unos manipuladores. Podemos estar contándonos que los demás nos ignoran injustamente.

Estas historias son tan ciertas como nosotros queremos que sean. Y si nos repetimos estas historias muchas veces, acabaremos haciéndolas realidad.

Mejorar las cosas. Es perfectamente posible que lo que estés promocionando con marketing no satisfaga ningún tipo de demanda real, que no esté respaldado con una buena estrategia, y que estés siendo egoísta al pensar que por el mero hecho de que lo has creado tú, tienes que aferrarte a ello.

Destrúyelo. Empieza de nuevo de cero. Crea algo de lo que te sientas orgulloso. Promociona con marketing algo de lo que te sientas orgulloso. Y en cuanto hayas hecho eso, en cuanto hayas mirado a alguien a los ojos y ese alguien te haya preguntado: «¿Volverías a hacerlo por mí?», en cuanto hayas aportado valor a un alumno porque le has enseñado y le has ayudado a llegar al paso siguiente, vuelve hacerlo, y vuelve a hacerlo otra vez. Porque necesitamos tu contribución. Y si te está costando realizar tu contribución, ten presente que tu reto es una historia que estás promocionando con marketing para ti mismo.

Lo que puede cambiarlo todo es el marketing que hacemos para nosotros, que dirigimos hacia nosotros, la historia que nos contamos. Eso es lo que te permitirá crear valor, lo que hará posible que te echen de menos cuando no estés.

Estoy impaciente por ver qué creas a partir de aquí.

Una sencilla hoja de trabajo de marketing

- ¿Para quién es?
- ¿Para qué es?
- ¿Cuál es la visión del mundo del público al que quieres llegar?
- ¿De qué tiene miedo ese público?
- ¿Qué historia le contarás? ¿Es cierta?
- ¿Qué cambio pretendes hacer realidad?
- ¿Cómo alterará este cambio el estatus del público?
- ¿Cómo llegarás a los usuarios pioneros y a los neófilos?
- ¿Por qué estos se lo contarán a sus amigos?
- ¿Qué le contarán a sus amigos?
- ¿Dónde está el efecto red de contactos que impulsará esto hacia delante?
- ¿Qué activo estás construyendo?
- ¿Te sientes orgulloso de ello?

Lista de lecturas de marketing

(Sin ningún orden en particular)

Hay miles de libros que me encantaría que leyeras, pero he intentado destacar aquellos más centrados en el marketing, y muy en particular en el tipo de marketing sobre el que hemos estado hablando en este libro.

Geoffrey Moore, *Cruzando el abismo: cómo vender productos disruptivos a consumidores generalistas*, Gestión 2000, Barcelona, 2015.

Anderson, Chris, *La economía Long Tail: de los mercados de masas al triunfo de lo minoritario*, Empresa Activa, Barcelona, 2009.

Hopkins, Claude, *Mi vida en publicidad*, Ediciones Eresma, Madrid, 1980.

—, *Publicidad científica*, Ediciones Eresma, Madrid, 2013.

Ogilvy, David, *Confesiones de un publicitario*, Oikos-Tau, Barcelona, 1990.

Bartholomew, Mark, *Adcreep: the case against modern marketing*, Stanford Law Books (Stanford University Press), Stanford (California), 2017.

Schrage, Michael, *Who do you want your customers to become?*, versión Kindle, Harvard Business Review Press, Watertown (Massachusetts), 2012. [Un breve clásico moderno.]

McConnell, Ben, y Jackie Huba, *Creating customer evangelists: how loyal customers become a volunteer salesforce,* Dearborn, Chicago, 2003.

Scott, David Meerman, *The new rules of marketing and PR: how to use social media, online video, mobile applications, blogs, news releases, and viral marketing to reach buyers directly,* John Wiley & Sons, Hoboken (Nueva Jersey), 2011.

Ziglar, Zig, *Secrets of closing the sale*, MJF Books, Nueva York, 2012. [Este libro es tanto sobre marketing como sobre ventas.]

Trout, Jack, y Al Ries, *Posicionamiento*, McGraw-Hill, Madrid, 1993.

Godin, Seth, *La vaca púrpura: diferénciate para transformar tu negocio*, Gestión 2000, Barcelona, 2012.

—, *Tribus: necesitamos que tú nos lideres,* Gestión 2000, Barcelona, 2012.

—, *¿Todos los comerciales son mentirosos? Los actuales vendedores de sueños,* Robinbook, Barcelona, 2006. [De todos mis libros de marketing, este es el que va más al grano.]

—, *Liberando los ideavirus,* Robinbook, Barcelona, 2002. [Otro mío.]

Lewis, Herschell Gordon, *Direct mail copy that sells,* Prentice-Hall, Englewood Cliffs (Nueva Jersey), 1984. [Uno de sus muchos libros clásicos sobre la redacción creativa.]

Bedbury, Scott, y Stephen Fenichell, *A new brand world: 8 principles for achieving brand leadership in the 21st century*, Viking, Nueva York, 2002.

Atkin, Douglas, *El culto a las marcas*, Robinbook, Barcelona, 2005. [Una joya ignorada.]

Kawasaki, Guy, *Selling the dream*, HarperBusiness, Nueva York, 1992. [Su mejor libro.]

Blank, Steve G., *The four steps to the epiphany*, ed. de autor (5.ª ed.), California, 2013. [Un libro sobre emprendimiento desde la perspectiva del marketing.]

Gladwell, Malcolm, *The tipping point: how little things can make a big difference*, Back Bay Books, Boston, 2002.

Jiwa, Bernadette, *Marketing: a love story: how to matter to your customers*, Lightning Source (imp. y dist.), La Vergne (Tennessee), 2014. [Bernadette Jiwa es brillante y recomiendo todos sus libros.]

Barry, Max, *Syrup: a novel*, Viking, Nueva York, 1999. [La mejor novela de marketing que se haya escrito jamás.]

Anderson, Chris, *Free: the future of a radical price,* Hyperion, Nueva York, 2009.

Krug, Steve, *Rocket surgery made easy*, New Riders, Berkeley (California), 2010. [Un libro sorprendente sobre pruebas y ensayos.]

Levinson, Jay, y Seth Godin, *The guerrilla marketing handbook*, Houghton Mifflin, Boston, 1994.

McKenna, Regis, *The Regis Touch: million-dollar advice from America's top marketing consultant*, Addison-Wesley Pub. Co., Reading (Massachusetts), 1985.

Kelly, Kevin, *New rules for the new economy*, Viking, Nueva York, 1998.

Constable, Giff, *Talking to humans: success starts with understanding your customers*, ed. de autor (hay versión Kindle), 2014. [Una entrada de blog ampliada sobre cómo hablar a los clientes.]

Peters, Tom, *The Tom Peters seminar: crazy times call for crazy organizations,* Vintage Books, Nueva York, 1994.

—, *The pursuit of wow! every person's guide to topsy-turvy times,* Vintage Books, Nueva York, 1994.

Sinek, Simon, *Empieza con el porqué: cómo los grandes líderes motivan a actuar*, Empresa Activa, Barcelona, 2018.

Pine, Joseph, y James Gilmore, *The experience economy*, ed. act., Harvard Business Review Press, Boston (Massachusetts), 2011.

Askinosie, Shawn, *Meaningful work*, TarcherPerigee, Nueva York, 2017.

Reichheld, Frederick F., *La pregunta decisiva: convierta a sus clientes en promotores para incrementar el beneficio y asegurar el crecimiento,* Deusto, Barcelona, 2007.

Osterwalder, Alexander, e Yves Pigneur, *Generación de modelos de negocio,* Deusto, Barcelona, 2013.

Pressfield, Steven, *The war of art: winning the inner creative battle*, Rugged Land, Nueva York, 2002.

—*Do the work*, audiolibro, Brilliance Audio, Grand Haven (Míchigan), 2011. [Ambos libros de Steven Pressfield tratan sobre por qué puede ser complicado hacer lo que sabes que funcionará.]

Agradecimientos

Lo único que puedo hacer es tomar prestado. No conozco ninguna idea que tenga originalidad en estado puro, que sea una de esas ideas que cae del cielo envuelta en un rayo de luz. Pero, si tomo prestadas grandes ideas y las recombino de forma interesante, tal vez mi contribución pueda servir de algo.

En este libro he tomado prestado más de lo habitual. Desde Michael Schrage, de quien he tomado prestado el germen de la idea del cambio, hasta Bernadette Jiwa, que ha hecho un generoso trabajo sobre los relatos, y también de Tom Peters, de quien he tomado prestado casi todo. En mi blog, que actualizo a diario, hay algunas improvisaciones.

Y quiero dar las gracias a Pam Slim, Jackie Huba, Jenny Blake, Brian Koppelman, Michael Bungay Stanier, Alex Peck, Steven Pressfield, Shawn Coyne, Al Pittampalli, Ishita Gupta, Clay Hebert, Alex DiPalma, David Meerman Scott (Deadhead), Amy Koppelman, Nicole Walters, Brené Brown, Marie Forleo, WillieJackson.com, Jacqueline Novogratz, John Wood, Scott Harrison, Cat Hoke, Michael Tremonte, Keller Williams, Tim Ferriss, Patricia Barber, Harley Finkelstein, Fiona McKean, Lil Zig Ballesteros, Zig

Ziglar, David Ogilvy, Jay Levinson, Sheryl Sandberg, Adam Grant, Susan Piver, Aria Finger, Nancy Lublin, Chris Fralic, Kevin Kelly, Lisa Gansky, Roz Zander, Ben Zander, Micah Sifry, Micah Solomon, Teri Tobias, Tina Roth Eisenberg, Paul Jun, Jack Trout, Al Ries, John Acker, Rohan Rajiv, Niki Papadopoulos, Vivian Roberson, a los generosos alumnos de <The MarketingSeminar.com>, y a los profesores Travis Wilson, Françoise Hontoy, Scott Perry y Louise Karch, así como a los extraordinarios Kelli Wood, Marie Schacht, Sam Miller y Fraser Larock. Y a Maya P. Lim, Jenn Patel y Lisa DiMona. Gracias a Alex, Sarah, Leo y Future Peck, así como a los antiguos alumnos y a los profesores de <altmba.com>.

Y, como siempre, mi agradecimiento eterno y especial a Alex Godin, Mo Godin y, por supuesto, a Helene.